高校图书馆文化建设与阅读推广

卜雪晶　尹秋琳　著

中国商业出版社

图书在版编目（CIP）数据

高校图书馆文化建设与阅读推广 / 卜雪晶，尹秋琳著. -- 北京 : 中国商业出版社，2025. 4. -- ISBN 978-7-5208-3371-4

Ⅰ. G258.6；G252.17

中国国家版本馆CIP数据核字第2025P4H275号

责任编辑：石广华

策划编辑：武维胜

中国商业出版社出版发行

（www.zgsycb.com　100053　北京广安门内报国寺1号）

总编室：010-63180647　编辑室：010-83128926

发行部：010-83120835/8286

新华书店经销

廊坊市旭日源印务有限公司印刷

*

787 毫米×1092 毫米　16 开　8.25印张　124千字

2025 年 4 月第 1 版　2025 年 4 月第 1 次印刷

定价：55.00 元

*　*　*　*

前　言

高校图书馆是高等院校发展的重要资源，具有知识服务和素质教育等多种职能。高校图书馆作为文献资源的管理者、组织者和提供者，为读者学习知识提供了重要场所，是师生获取知识的主要阵地，为广大师生开展科研和教学活动提供了基础性的保障。高校图书馆文化是文化的核心，图书馆文化在增强高校整体的竞争力以及凝聚力方面发挥着重要的作用，也是高校综合实力的集中表现。高校要想不断向前发展，就必须加强图书馆文化的建设，这是其实现高质量发展的基本途径，对于展现高校的文化价值、增强高校的学术氛围具有很大的帮助。除此之外，高校图书馆为广大学生提供各种读物，具有丰富的文献资源、充足的阅读场地和良好的阅读氛围，在阅读推广方面具有其他机构或组织无法比拟的先天优势。因此，在全民阅读的大环境下，高校图书馆要与时俱进，不断创新阅读推广模式，以全新的阅读体验、全方位的阅读服务，赢得读者好评，真正承担起传承优秀文化的责任。

本书主要分为高校图书馆文化建设与阅读推广两个方面。在高校图书馆文化建设方面，基于高校图书馆的地位和功能、高校图书馆文化的内容与作用，系统分析了高校图书馆文化的创新建设，并就校园文化与图书馆文化建设、和谐文化与图书馆文化建设进行了重点分析。在高校图书馆阅读推广方面，立足于高校图书馆阅读文化的内涵，系统阐述了高校图书馆阅读推广的内容、阅读推广的服务以及高校图书馆阅读推广活动的策略，力求为促进高校图书馆文化建设，提升图书馆阅读体验提供帮助。

目 录

第一章　高校图书馆的地位和功能

第一节　高校图书馆的主要特征和地位

一、高校图书馆的主要特征

我国高校图书馆是按主管部门或领导系统分类的，工作有其自身的特点，具体如下。

（一）服务对象：高校教师和学生

在服务对象上，高校图书馆以教师和学生为主。高校师生的知识水平相对较高，因此，所需的文献资料具有一定的专业性和学术性，根据大学的特点及专业方向，很多都需要一定数量的外文文献做支撑。高校图书馆除了必须配备专业的纸质文献资料以外，还必须有电子文献资料库，便于师生查阅最新、最前沿的研究资料。此外，高校师生在图书馆的使用上，存在明显的时间规律性，如开学时，师生对教学资料的需求量较大；学期末，复习资料的需求量也会变大。这就要求图书馆在收集和整理资料时体现这些时间规律性，更好地服务于高校的教学科研工作。

（二）藏书量：数量多、品种全

与其他类型图书馆相比，高校图书馆的藏书更加丰富，涉及的内容更加全面。高校图书馆主要为具有较高知识水平的老师和学生服务，除了学校图书馆总馆以外，各个（学院）专业一般还会设立自己的资料室或图书馆分馆，对学校图书馆的图书资料进行有效补充，形成了一个藏书丰富、专业学术性强、专业资料全面的知识体系，为学校的教学和研究提供了丰富全面的文献资料支撑。

二、高校图书馆的地位

地位是指某一个人、组织或机构在社会关系中所处的位置及起到的作用。而图书馆的地位是指在经济社会的发展中，图书馆扮演的角色以及能够发挥的效用。由此推及，高校图书馆的地位是指图书馆在高校教学、科研和文化发展中所占据的位置和起到的作用。我国的高校图书馆经历了多次重大的改革，图书馆作为重要的高校文化服务机构，一直扮演着重要的角色并发挥着重要作用。一方面，高校图书馆收藏、保存着图书等珍贵的文献信息资料，成为高校教师和学生学习、开展科研工作的基础和重要的知识来源，并为高校在任何时候都能开展科研教学提供知识保障。另一方面，高校图书馆是传播文化知识的服务机构。在高校中，图书馆是与实验室并列的两大机构之一，作为重要的知识服务机构，为高校的科研和学习提供了基本的条件。首先，高校图书馆不仅具有一定的图书文献资料收藏量，还拥有一定数量的数据库，如全球知名期刊《自然》、国际著名出版集团斯普林格、中国知网等；其次，高校图书馆能为师生提供阅读场所、设备；最后，高校图书馆能为师生提供优质的信息文献服务，由此为高校的科研和教学搭建起一个完整的知识服务平台，对学生的学习和高校的发展起到至关重要的作用。因此，图书馆是每个高等院校的必备要件。同时，高校图书馆还能体现出一所学校的办学水平，是高校文化的重要组成部分。①

作为信息储存、传播的机构，高校图书馆具有综合性，是高校课堂教育的补充和延伸，是重要的教学辅助单位。

第二节　高校图书馆的职能

图书馆的职能是指图书馆在社会中发挥的功能，有学者将图书馆的职能分为基本职能和社会职能。所谓的基本职能是指图书馆的基础性作用。所谓的社会职能是指随着社会的变迁图书馆发挥出来的不同作用。作为图书馆的一个分支，高校图书馆与其他类型图书馆一样，也具有基本职能和社会

①胡赛. 高校图书馆管理与创新实践[M]. 沈阳：万卷出版公司，2022.

职能。

一、基本职能：保存和收集信息文献资料

在基本职能上，高校图书馆与其他类型图书馆是一样的。在图书馆的发展过程中，图书馆基本功能贯穿始终，即使社会不断发展，也不会发生改变。在民国时期，有学者认为图书馆是图书保存的唯一机关，因此，能够间接作为保存文化的机关。图书馆一方面保存文化，另一方面使文化发扬光大，使文化知识能够传播到各地，为社会文化的发展服务。要履行保存文化的功能，图书馆需要保存好前人留下的珍贵文献材料，保存过程包括文献资料的收集、整理、加工、组织、管理；图书馆如果要更好地将其传承文化的功能发挥出来，则需要利用已经收集、整理、加工和组织的文献信息，通过借阅、复制、检查、咨询等方式，传播给社会。

二、社会职能：服务教育文化，传播知识

图书馆的社会职能是指在一定的社会环境中，图书馆所发挥的作用。

图书馆的社会职能从古至今不断地发生着变化。图书馆在古代的社会职能仅是收藏图书，而随着图书资料形式的增多，不同类型的文献资料被收纳，图书馆则需要对这些资料进行分类和整理。工业革命以后，机器取代了手工成为社会的主要生产力，也要求人们不断提高自身的知识文化水平。为满足人们的需求，图书馆开始向社会开放，且成为人们学习的主要场所，因此，教育成为图书馆的社会职能。随着现代社会技术的发展，信息内容日益丰富，传递速度不断加快，存储量不断增大，相对于传统图书馆，现在的图书馆在信息存储量、文献传递方式等方面发生了天翻地覆的变化，使得更多的读者能够从图书馆获取知识信息，图书馆成了新时代的信息集中地和信息传播中心，发挥着重要职能。研究发现，随着社会的发展，图书馆的社会职能也不断地发生着变化。[①]

在1975年的“国际图书馆联合会”上，参与会议的学者将图书馆的职能总结为四项，分别是保存人类文化遗产、发展社会教育、传递情报信息、开

①刘凯．高校图书馆服务新职能研究[M]．长春：吉林人民出版社，2019.

发人类智力。针对图书馆的职能，国内外学者尚未形成定论，一部分学者主要从图书馆的社会功能方面讨论，还有一些学者从图书馆的所有功能角度探讨。英国图书馆学家认为，要突出图书馆的“信息功能”。桑晓东认为，要突出图书馆的“教育功能”。但还有一些学者认为，要突出图书馆的“传播功能”，甚至有学者认为要突出图书馆的“文化娱乐功能”。将学者的这些观点综合起来，图书馆应当发挥的功能可以归纳为六个方面，分别是知识功能、信息功能、文化功能、教育功能、休闲功能和社区功能。

综上所述，图书馆的社会职能，是在长期的社会发展中传承下来的传统职能。随着社会的发展，当今图书馆的社会职能也在不断增加，如图书馆的导向性功能、创造需求功能、享受性功能和消费性功能。通过总结分析，我们认为高校图书馆具有以下几种社会职能。

（一）教育职能

我国图书馆于周代起源，开始仅是收藏文献资料，主要起到保存文化的作用。但随着图书馆事业的发展，它的社会职能从单纯的保存文化向传播文化方面发展，因此，图书馆的教育职能逐渐受到了政府和知识界的重视。工业革命以后，生产力的发展对工人的文化素质要求越来越高，科学技术日新月异，工人只有学习先进的技术才能跟上时代发展的步伐，在此情况下，图书馆成为重要的社会教育机构。因此，高校图书馆是高校教育的必要组成部分，教育职能是图书馆的社会职能。教育部于2015年颁发的《普通高等学校图书馆规程》明确指出：高等学校图书馆必须贯彻国家的教育方针，履行教育职能，为培养德、智、体、美等方面全面发展的人才服务。高校图书馆的教育职能，主要包含两个方面：①高校图书馆有丰富的纸质图书馆藏以及电子数据资源，更新速度快，学生通过图书馆可以获取最新、最全的科学文化知识，这种开放性的学习方式能够培养学生的自学能力，强化学生的创新意识；②高校图书馆一般都拥有较大的场地和优越的学习环境，这种条件为学生的学习提供了良好的场所和积极向上的学习氛围。

（二）服务职能

从高校图书馆的设立和服务对象来看，高校图书馆主要为高校师生的教学和科研提供服务，在社会服务方面很少能够发挥出重大的作用。图书馆学界也注意到了这个问题，提出在新的信息条件下，高校图书馆要走出自我封闭的状态，积极为社会提供服务。我国颁布的《普通高等学校图书馆规程》指出：有条件的高等学校图书馆应尽可能向社会读者和社区读者开放，面向社会的文献信息和技术咨询服务，可根据材料和劳动的消耗或服务成果的实际效益收取适当的费用。从这条规定可以看出，高校图书馆为社会提供信息服务是符合信息社会发展需求的，而且在向社会提供服务方面，高校图书馆有着得天独厚的优势，主要表现在以下几个方面。

1. 文献资源优势

高校图书馆除了拥有大量的纸质文献资料以外，还拥有大量的电子信息资源。这些资源涉及范围广，不仅包含优秀的历史文化成果和现代科学技术，还包含很多交叉学科学术成就。我国的高等院校每年都会投入一定的经费购买最新的纸质图书、电子文献资料等，高校图书馆拥有其他社会图书馆不具备的优势。

2. 人才资源优势

除了拥有大量的文献信息资源，高校图书馆还拥有素质高、经验丰富的人才，这些人才既具有图书馆专业知识，又具有信息开发技术，恰好是一般社会图书馆所缺乏的复合型人才。这些人才具有信息收集、加工、处理能力，除了能够承担校内的信息服务工作，也能够承担社会的信息服务工作。高校图书馆的服务人员多具备较高的科学文化知识水平，能够快速接受最新的知识信息，而且，高校的学术交流活动、知识培训会议较多，图书馆管理员能够定期或不定期地进行学习，提升自己的知识和业务水平。

3. 技术资源优势

计算机、远程VPN技术、信息数字化技术、声像技术等已经是高校图书馆的常见技术，这对高校图书馆信息资源的开发和利用起到了促进作用，提高了高校图书馆的信息咨询、资源利用、远程文献传递服务能力。同时，高校拥有很多懂技术、有知识的工作人员，能够开展一些业内学习交流，这提高了图书馆管理水平和技术水平，使图书馆具备了一定的技术资源优势。

（三）文化传播职能

在传播知识信息的过程中，高校图书馆主要发挥两方面作用：一是高校图书馆在收集、整理图书和服务高校读者的过程中，形成了自身的文化特色，高校图书馆成为高校的一道独特风景线；二是高校图书馆汇集了大量的科学文献成果，是组织、利用科学文献的重要基地。通过对这些科学文献的传播，高校图书馆促进了科学技术的进步和社会的发展，同时，这种传播也有利于更多的科学工作者在此基础上产生新的科研成果，更好地为高校教学和科研工作提供服务。

（四）休闲职能

随着社会经济的不断发展、人民生活水平的不断提高，人们的闲暇时间也越来越多，休闲已经成为人们现实生活的需要。休闲并不仅仅指的是娱乐，其最高境界是提高人的心情舒畅度和精神愉悦性，给人一种文化底蕴，支撑人的精神。因此，在一定程度上可认为休闲本身是一种文化，是人们内在、自觉的观念和生活方式；是一种感受、一种体验和一种觉悟；人文性、社会性、创造性较高，使人的情感、理智、意志、价值观和思维方式在心灵的自由中、精神的愉悦中得到升华。因为高校图书馆是信息、知识的集散地，所以，高校图书馆宜环境幽雅、情调高雅、气氛闲适，在这种环境中，读者能够感受学习的轻松。适当放松、休闲的学习环境，使图书馆在为读者提供优质的休闲服务过程中产生亲和力和吸引力，从而使读者愿意在闲暇时间走进图书馆，进而使高校图书馆的休闲职能得到充分的发挥。同时，图书馆向读者传递科学文化知识，使读者身心得到放松，得到充分的休息，陶冶读者的情操，增加读者德、智、文的修养，有利于将读者的潜力充分地发挥出来。

第二章　图书馆文化概述

第一节　图书馆文化的概念

一、图书馆文化的含义

图书馆是人类传统文化的集散地，是现代科学文化的前沿窗口和文献信息资源的中心，是读者获取知识的殿堂。图书馆的产生和发展源于文化，同时为发展文化服务，并在长期的生存和发展过程中形成了自己所特有的文化。“图书馆文化”一词是由美国的图书馆管理学者率先提出的，我国的“图书馆文化”研究在20世纪90年代开始起步并迅速兴起。近年来，随着对图书馆文化研究的不断深入，许多学者从不同的角度给出了图书馆文化的定义，主要有以下几个方面。

第一，图书馆文化是指图书馆所创造的物质文化和精神文化的总和，包括图书馆所形成的具有自身特色的思想、意识、观念和心理状态以及与之相适应的制度、组织和行为模式等。

第二，图书馆文化是指图书馆全体职工在共同的工作、生活中形成的一种文化氛围，是一个图书馆所创造的精神财富和通过某些中介途径而创造的物质财富的总和。其构成有无形与有形之分，有形的是物质文化，无形的是制度文化和精神文化。

第三，对于一个民族、国家和社会在其文化创造、积累、传播与发展的历史进程中，所逐步形成的有关图书馆事业的物质成果、精神财富、制度规范及行为方式的合体，我们即可统称为图书馆文化。

第四，图书馆文化是指图书馆在长期为读者服务的管理活动过程中，在一定的社会历史环境下逐渐形成的一种独特的价值观、行为方式、管理作风、图书馆精神、道德规范、发展目标和思想意识等因素的总和。它集中体现了图书馆的精神风貌和理论水平。图书馆文化体现一个图书馆的馆风、馆貌和管理状况。良好的图书馆文化会对馆员和读者产生强大凝聚力、感召力、规范力和约束力，产生不断的动力源泉，并能够创造出积极、和谐、上进的工作氛围，对图书馆的发展起着巨大的推动和促进作用。[①]

第五，图书馆文化即图书馆组织文化，组织文化被分为三个层次：第一层"人工制品与创造物"，是组织文化的物质层面，对图书馆来说它是由图书馆建筑、设备、装饰和环境等创造出来的，反映图书馆物质形象方面的文化，是一种表层的、显而易见的文化；第二层"标榜的价值观"，是中间文化层面，就图书馆来说，指图书馆在管理、服务活动和人际关系中产生的行为观念，包括图书馆目标、道德准则、图书馆制度、人际关系、图书馆传统和习惯等，它是以行为为形态的中层组织文化，是一种外显的价值观；第三层是组织文化的核心层，为组织的基本假定，它是一种以意识为形态的深层次文化，反映追求志向和决心以及行为的总体倾向。表层和中层文化由核心文化决定，核心层文化又由五个方面构成，即人类活动的本质，与时间、空间的关系，人性的本质，与环境的关系，人际关系的本质。这种观点源于管理学家艾德·斯凯恩的文化定义。

第六，图书馆文化是图书馆在长期历史发展过程中积淀而成的，维系或推动图书馆生存或发展的群体意识、价值观念、行为准则及其他管理特征的集合。

第七，图书馆文化是图书馆运作的机制，是运作过程中的关系，是服务传统，是藏用习惯，是人员素质，是读者感觉，是一切活动背后的认识和规定，是无处不在又无迹可寻的图书馆意念和规范。

第八，图书馆文化是指一个图书馆在长期发展过程中逐步形成的、相对稳定的、为其成员所共同遵循并得到同化的价值体系、行为准则和共同的思想作风的总和。它与馆员的思想素质、专业技能、服务质量、人际关系等构成整个图书馆素质。它还包括书刊采购、分编、流通、阅览以及经常开展的多媒体传播、新书推介、阅读辅导、读书活动、培训等。其内涵极为丰富，外延十分宽泛。目前图书馆学研究的方方面面都属于"图书馆文化"的范畴。

①唐玲．图书馆文化与职能建设[M]．天津：天津大学出版社，2018.

第九，还有一些描述性的图书馆文化的定义，如图书馆文化内涵包括：图书馆是终身教育的需要，图书馆是输出文明的窗口，图书馆是收集、加工和传递文献信息的部门，图书馆是连通外部世界的枢纽，图书馆是综合文化教育的部门。可以从以下几个方面分析图书馆文化内涵：注重收藏、尊重知识的整体观念，追求真、善、美的价值取向，科学与人文的方法论特征，崇德、重道、致用的思维意境和伦理追求等。

以上种种观点，从不同的角度如文化学、组织文化、历史学、生态文化等，揭示了图书馆文化的内涵，文化有广义和狭义之分，其内涵与外延涉及方方面面，这种文化本身的复杂性和宽泛性使得图书馆文化的内涵也有广义和狭义之分。广义的图书馆文化是指图书馆创造的物质文化、行为文化、制度文化、精神文化等物质财富和精神财富的总和，狭义的图书馆文化是指以图书馆价值观为核心的图书馆意识形态，即只包括图书馆所创造的精神财富。

二、公共图书馆文化

公共图书馆文化是图书馆文化的一个子概念，之所以列出来，是为了与以下将要列出的高校图书馆文化有所对比。

公共图书馆文化是指公共图书馆中的意识形态以及与之相适应的制度和组织机构，是公共图书馆发展过程中长期积累的文化的凝结。图书馆精神是图书馆文化的根本所在，《联合国教科文组织公共图书馆宣言》中倡导了公共图书馆的精神，即自由、繁荣以及社会与个人的发展，是人类根本价值的体现。人类根本价值的实现取决于智者在社会中行使民主权利和发挥积极作用能力的提高。人们对社会的建设性参与与人们所受良好教育和存储知识、思想、文化和信息的自由开放程度息息相关。公共图书馆作为人们寻求知识的重要渠道，为个人和社会群体进行终身教育、自主决策和文化发展提供了基本条件。公共图书馆是传播教育、文化和信息的一支有生力量，是促使人们寻找和平和精神幸福的基本资源。

我国有学者将公共图书馆所蕴藏的文化韵味进行了形象的概括：一个避难所，没有任何风险并对所有的人笑脸相迎；一个充满同情、关爱和支持的地方，并让所有的人享受平等服务；一个尊重他人也受他人尊敬的地方；一个坚守公共利益的地方；一个没有攻击、竞争和非议的地方；一个知识的门户，从中能够获得学习的力量和变革的催化剂；一个自我发现和自我欣赏的地方；一个汇集不同个性和思想的地方，它们既形成于社会又将塑造这个社会。

公共图书馆文化建设，涉及图书馆建设的各个方面，是一项长期的、系统的、庞大的工程。需要从事图书馆事业的人，对此加以研究，并在实际工作中践行，进而使我国的公共图书馆发展奠定在厚重的文化基础和浓厚的文化积淀之上。

三、高校图书馆文化

高校图书馆文化是高校图书馆及其工作人员，以校园文化为背景，以图书馆文化为基础，在图书馆信息资源管理和提供服务的过程中形成的特殊的思想观念、行为方式、价值准则、道德规范、心理态势、知识体系及外在形象等意识形态和物质形态的总和。

狭义的校园文化是相对于课堂教学而言的课外文化，或者叫非课堂文化，它包括舆论风气、人际关系、校园环境等。广义的校园文化是指以高校为载体，经过长期的办学实践，通过历届师生传承和创造，历史积淀、选择、凝练、发展而成的精神成果，是高校的价值追求和内在灵魂。作为以学生为主体，教学人员、科研人员共同参与的一种特定的精神文明环境和文化氛围，良好的校园文化将对人们的心灵起到潜移默化的、持久稳定的影响，对学生的意志磨炼和人格塑造起到巨大的促进作用。具体包括精神文化、制度文化、物质文化、行为文化等几种形态。校园文化的生成就是这几种形态之间的内聚与整合过程，即以物质文化为依托，以制度文化为保障，以精神文化为核心，以行为文化为外显的一个有机统一体。具体表现形式为：①校园环境、建筑、图书、设备、社团等在内的硬件部分；②由各种规章制度和校训、校风、教风、学风、生活方式、心灵、性格、审美倾向及校园文化活动等组成的软件部分。

高品位的校园文化可以从以下几个方面来提高大学生文化素质：第一，

通过校园文化的熏陶，学生在不知不觉中形成一种文化意识和文化品位，促进自身思想观点、心理素质、价值取向及思维方式的改变，良好的校园文化将有利于大学生提高自我教育和自我管理的能力；第二，充分利用专题讲座、学习交流会、图片展、知识竞赛等各种载体开展形式多样、符合学生特点的学习宣传活动，弥补课堂教育的不足，拓宽学生知识面，有利于大学生个性的全面发展和个性的社会化；第三，校园文化是丰富自身内涵的重要形式，良好的校园文化有助于形成和睦的人际关系，帮助大学生克服心理障碍，保持良好的心理健康状态，有助于大学生思想政治教育目标的实现；第四，积极开展校园文化活动，把德育活动与智育、体育、美育活动有机地结合起来，寓教育于文化活动之中，促进大学生思想道德素质、科学文化素质和健康素质协调发展，鼓励学生亲自参与学校有目的地组织的一系列活动，既促进学生文化素质的提高，又促进学科专业的深化，相互促进，相得益彰，有助于大学生创新意识和创新能力的培养。

高校图书馆是一所大学的文献信息中心和集散地，是为教学科研服务的学术性机构，也是高校信息化和社会信息化的重要基地，同时还是一所大学办学水平的重要标志。其对校园文化的贡献就是通过自身的内部机制，最大限度地唤起、调动学生的自觉意识，使学生主动接受学校的教化方式，帮助学校实现教化育人的职能。高校图书馆传承文化的作用，使读者置身其中，会不自觉地感受到一股清新的文化气息扑面而来，感受到一种厚重的文化氛围，会不自觉地为其所感染，从而成为这种文化的一部分。所以其对学生的思想意识、行为道德的引导和熏陶是以“润物细无声”的方式进行的，不易引起学生的逆反心理。

高校图书馆文化在校园文化建设中的作用主要体现在以下四个方面：第一，宣传作用。高校图书馆利用自身丰富的馆藏、灵活多样的服务形式和良好的学习环境强烈地吸引着学生，成为学生课余时间停留最多的场所，对校园文化建设起着积极的宣传促进作用。第二，教育作用。作为第二课堂，高校图书馆除了提供大量的图书文献外，还可以组织多种形式的学术研讨活动，通过深层次的知识整合后的服务，满足读者不同的信息需求，从而提高读者创新求知的文化素质和教学、科研能力，使学生受到知识和人文环境的熏陶，提高了学生的知识素质和人文素质，起到第一课堂达不到的作用。因此，其教育形式与课堂教学相比，更具有主动性、灵活性和选择性，更有利于培养学生的独立性、创造性和开拓性，发挥学生的聪明才智。第三，社会实践作用。高校图书馆通过吸收学生参与图书管理工作，既可以使大学生养成热爱书籍、钻研知识的习惯，又能帮助其树立为他人服务的思想，同时还可以使其体验工作的感受，增强责任感，锻炼实干精神，培养社会实践能力，学会处理人际关系。这也是图书馆在校园文化建设中的独特作用。第四，文化娱乐作用。高校图书馆收藏、整理的大量文艺书刊、艺术画册、音像制品等，在向专业研究者提供研究资料的同时，也给一般读者带来欣赏、休闲的体验。这就潜移默化地影响了大学生的思想行为，寓教于乐，陶冶情操，提高文化修养和文明程度，在学校形成蓬勃向上、轻松活泼的文化氛围。

四、图书馆文化的兴起

从企业文化的兴起来看，企业文化的兴起源于企业管理的发展。任何一个组织功能的发挥都需要管理，企业本身是一个管理的组织，但管理的背后是文化，文化的不同造成管理风格和模式的不同。现代管理学之父彼得·德鲁克曾指出，管理以文化为基础。从企业管理的发展阶段来看，文化则是管理发展到一定阶段和社会竞争的产物。企业管理经历了分权管理、跨国经营、矩阵组织和战略经营等阶段才随着企业内外部环境的变化、社会竞争的日趋激烈，特别是企业员工的文化素质不断提高、参与管理的意识不断增强，迫使企业必须不断地改善管理，创新管理理论，以弥补偏重理性的传统管理模式的不足，这就催生了企业文化。

图书馆管理也经历了这样一个过程。管理是图书馆在实现既定目标的过程中所采用的手段。图书馆管理经历了从管理书籍到管理制度最终意识到图书馆管理是对人的管理的过程。从管理理论的演化过程中我们不难发现，无论哪种管理理论都是针对人的，都在研究人的动机和需求。而管理理论的演化过程正反映了对人的动机和需求的研究在不断深化，新的管理理论总是在不断发现和强调人之所以为人的文化需求和文化人特性，如人是有思想的、人是有感情的、人是有各种需求的等，最终提出了文化管理这一概念。现代图书馆管理的核心就是对人的管理，要想通过管理实现图书馆的目标，我们必须重视图书馆人的文化特性的研究，引入“以人为本”的文化管理制度，形成以人为中心的管理文化，这就产生了图书馆文化。

图书馆文化是图书馆管理创新的结果。从20世纪90年代开始，全球进入知识经济时代，许多新思想、新理念、新技术、新知识相继产生。国内外管理理论的研究表明，决定社会发展竞争优势的是人才和科学技术的优势，而决定人才、科学技术优势的是创新，所以强调创新已成为现代管理的时代趋势。再加上图书馆原有的一套管理模式已不能适应21世纪的运行特点，图书馆如要更好地生存与发展，就必须对传统的管理理念和方式方法进行扬弃和取舍。通过改革创新，建立起一套崭新的管理运行机制，以适应社会发展的需要。管理上的创新能使图书馆打破常规，改革管理工作流程，大大提高管理效率；能使图书馆以敏锐的观察力，密切关注未来变化的新趋势、新动向、新问题，从而能以超前的意识果敢决策，适应未来发展的要求。观念创新是管理创新的前提，是创新得以成功的保证。观念创新就是确立现代的管理意识，解放思想，彻底改变那种以藏为主、重藏轻用、被动服务、封闭自守、各自为政、浪费文献资源的落后藏书格局。要把图书馆管理创新作为管理目标，以创新观念和创新行为来加强图书馆的管理，对图书馆的业务管理和文献资源体系进行创新，进一步加强对电子技术、网络技术和数据库技术的应用，对图书馆的管理理念、思路进行变革，使图书馆的服务和管理提升到新的高度，由职能型文献信息收藏机构变为研究型服务机构。高素质的群体是组织实现创新的主要力量来源，人员素质是图书馆系统诸要素中最积极、最活跃、起决定作用的因素，决定了图书馆工作的效率和质量，决定了图书馆事业的前途。只有人才能充分利用图书馆的现有文献资源为读者服务、为教学和科研服务。图书馆的服务质量只有知人善任，人尽其才，才尽其用，扬其长、避其短，根据每个人不同的性格和才能确定不同的工作岗位，才能最大限度地发挥其所长，激发每一个工作人员的积极性和创造性，发挥最大潜能，使管理与服务均达到最佳效果。

在改变原有管理观念，充分重视人的主观能动性的基础上，图书馆文化作为与企业文化相对应的概念，率先由美国图书馆管理学者作为组织管理研究新思考而提出，以提高图书馆这一传统文化中心的管理水平。

中国正式提出“图书馆文化”这一概念，是在20世纪90年代初期。当时的企业文化建设正如火如荼地开展，并彰显出传统管理所达不到的效果。图书馆的产生和发展源于文化，又为发展文化服务，并在长期的生存和发展过程中形成了自己所特有的文化。这种特有的文化体现了一个图书馆的馆风、馆貌和管理状况，能够对馆员和读者产生强大凝聚力、感召力、规范力和约束力，产生不断的动力源泉；并能够创造出积极、和谐、向上的工作氛围，对图书馆的发展起着巨大的推动和促进作用。图书馆文化建设的好与坏，关系图书馆的社会地位、社会形象，乃至整个图书馆事业的繁荣和发展。因此，图书馆工作者也越来越清醒地认识到，在图书馆管理中注入图书馆文化建设因素的重要性。许多学者和图书馆工作人员从不同角度，用不同的方法对图书馆文化进行了研究，并取得了一定的研究成果，大部分学者在图书馆文化现状的基础上，科学地研究了图书馆文化所涉及的历史渊源关系，倡导批判性地继承历史传统、建立充满时代精神的新型图书馆文化体系等内容，主要内容包括保持和发扬历史上一切优秀的图书馆文化、科学地认识和了解国内外图书馆文化发展的最新动态、加速我国图书馆文化建设、研究图书馆文化史、文化现象等方面的研究成果，对于建设信息时代新图书馆文化具有重要的借鉴作用。

第二节　图书馆文化的结构

一、图书馆文化结构的基础部分

图书馆文化结构的基础部分，主要由图书馆文化中的图书馆哲学、图书馆价值观、图书馆精神和图书馆道德等图书馆的意识活动组成。这是图书馆文化中最核心的结构层次，是图书馆文化的源泉，是结构中的稳定因素。图书馆文化中最受社会、政治、经济、文化影响的就是结构的基础部分。就像植物一旦扎下了根，就会慢慢成长，处于比较稳定的状态，图书馆文化结构的基础部分，就像植物的根，是图书馆文化的决定因素，有什么样的结构基础，就有什么样的结构主体和结构的外在部分。

（一）图书馆哲学

图书馆文化所提倡的图书馆哲学，同其他哲学一样，是图书馆理论化和系统化的世界观和方法论。图书馆哲学是图书馆全体成员所共有的对世界事物最一般的看法，是指导图书馆管理、信息交流、读者服务等活动，指导馆员处理人际关系的基本原则。因此图书馆哲学是对贯穿于图书馆各种活动的统一规律的认识，是图书馆最高层次的文化，它主导制约着图书馆文化的其他内容和发展方向，是图书馆人格化的基础，是图书馆形成自己独特风格的源泉，是图书馆的灵魂和中枢，是对图书馆进行总体设计、总体规划的综合方法，是图书馆一切行为的逻辑起点和指导思想。

哲学与文化有着千丝万缕的联系。哲学是对人类各种文化思想的普遍性、法则性、系统性进行概括，并探寻其原生结构及其演变的学科。因此也被称为“文化哲学”，即哲学本身具有文化属性。哲学是一种高层次的文化形式，是关于世界观和方法论的科学。它以其特有的理性思维，回答了人们关于“世界是什么”“人是否可以认识世界以及如何认识世界”“我们的‘存在’和我们的‘存在状况’是怎样的，因何而存在”等人生价值问题，并成为人们修身的依据和安身立命的精神家园。①

图书馆哲学是图书馆最高层次的文化，它是对图书馆现象进行哲学思维的产物，是人们对图书馆现象的深层理解、感悟和诠释，是一种理论思维方式、价值观和方法论。图书馆哲学的功能价值在于用图书馆智慧指导图书馆实践，图书馆哲学以敏锐的、理性的眼光去洞察和透视图书馆实践，对图书馆实践进行哲学的判断，以它理性的洞察力和规定性，形成对图书馆实践及其与人生实践、社会实践的关系的图书馆智慧，真正用智慧参与图书馆实践。图书馆哲学主导着图书馆文化其他内容的发展方向，不同的图书馆文化，必然造成不同的图书馆建设和发展。不同类型的图书馆，也会有不同的图书馆哲学。

图书馆哲学的研究对象包括：①图书馆规律，包括图书馆现象的社会本质及功能、图书馆现象的内在运行机制及其矛盾关系；②图书馆认识规律，包括图书馆认识方法，图书馆学理论研究与图书馆实践发展之间的辩证关系，图书馆理论与实践的继承、发展与创新、变革的矛盾运动；③图书馆指

①朱蕊．图书馆文化建设与信息技术研究[M]．长春：吉林科学技术出版社，2023.

导规律，即研究指导图书馆实践的各种辩证法问题等。其根本问题是解决图书馆中人与人、人与物、人与发展规律之间的关系问题。从哲学的角度来看，人类所处的环境尽管错综复杂、生动多样，但归根结底就是两类现象：物质和精神。人类的活动是同这两类现象打交道，图书馆文化活动也是同这两类现象打交道。哲学主导图书馆文化的实践活动，就是不断地解决思维和存在、精神和物质之间关系的矛盾，并且在这个矛盾的产生和解决中前进。

图书馆哲学可分为三个层次：第一层，即核心层，“图书馆为什么存在”，即解决图书馆存在的价值“我是谁，who”的问题，就是图书馆的使命、图书馆存在的价值或意义。它和图书馆的发展阶段、图书馆的精神密切相关。这个结论与马斯洛的需求层次论相吻合。首先是图书馆发展的根本问题，就是如何在时代的洪流中站稳脚跟，即需求层次中最底层的生存需要。其次是图书馆存在的价值。图书馆之所以存在，是因为有其存在的价值；最高一层就是自我价值的实现，这就是图书馆哲学的境界。第二层，图书馆的发展目标，即“成为什么，what”的问题，就是愿景问题。图书馆的愿景是全体人员为之奋斗的目标，具有前瞻性、挑战性、艰苦性和可操作性等特点，起到激励人心的作用。第三层，图书馆如何生存，即“怎样，how”的问题，这一层涉及的内容最广泛，是图书馆发展中核心竞争力的体现。

总之，图书馆必须着眼于培养图书馆人的哲学思想，以转变观念和思维方式，正确处理图书馆中馆员与馆员、馆员与读者、读者与服务者等关系，统一全体馆员的思想，以马克思主义哲学为指导，树立正确的世界观和方法论，确立具有特色的新观念，如新物质观、新价值观、新道德观、新知识观、新信息观、新系统观、新创新观、新效益观等，以构成21世纪图书馆哲学的基本思想，促进图书馆文化建设。

（二）图书馆价值观

图书馆文化内容非常广泛，但无论多广泛的内容，都会有一个核心，图书馆文化的核心，就是图书馆的价值观。图书馆价值观是图书馆哲学思想体系的核心，也是图书馆文化的核心，它主导和支配着图书馆文化的其他要素。如图书馆宗旨体现图书馆的根本追求和精神归宿，它从图书馆的发展目标和方向上反映图书馆价值观；图书馆信念体现图书馆群体对自己工作和生活中应遵循的原则和理想的信仰，就是对图书馆的一系列价值观的信奉；图书馆职业道德和行为准则，都是图书馆价值观功能发挥的必然结果，它在思想上、品德上和行动上具体体现了图书馆的价值观；图书馆风貌，是建立在图书馆信念、职业道德和行为准则之上的表现，是图书馆价值观的外部表现，并形成图书馆形象。

图书馆价值观是图书馆文化的核心，它决定和影响着图书馆存在的意义和目的、图书馆各项规章制度的价值和作用、图书馆馆员的各种行为和图书馆利益的关系等，是图书馆生存发展的内在动力，为图书馆群体形成共同的行为准则提供基本方向和行动指南，是图书馆馆员在任何情况下都必须坚持的终极标准。

图书馆价值观受图书馆哲学影响。图书馆哲学不同，必然导致图书馆价值观念的不同。如传统图书馆以藏为本的图书馆哲学，就会形成一切以有利于文献收藏为标准的价值体系；而现代图书馆以人为本的图书馆哲学就会形成一切有利于人的自觉性发挥为标准的评价体系。评价体系的不同直接导致图书馆管理行为和规章制度的不同。前者重视文献的收藏，强调文献保存文化的功能；后者则重视通过文化的手段，发挥图书馆馆员的自觉性来提高文献信息的利用价值，强调的是文献的传播和教育职能。

如同价值观念是后天形成的，是通过社会化培养起来的一样。图书馆价值观也不是先天就有的，而是在图书馆发展过程中逐步确立的。图书馆价值观是以图书馆中各个个体价值观为基础的，家庭、学校等群体对个人价值观念的形成起着关键的作用，其他社会环境也对个人价值观的形成有重要的影响。个人价值观有一个形成过程，是随着知识的增长和生活经验的积累而逐步确立起来的。个人价值观一旦确立，便具有了相对稳定性，形成一定的价值取向和行为定式，是不容易改变的。因此，图书馆价值观在一定程度上是受社会的总价值观影响的。但就社会和群体而言，人员不断更替和环境变化，社会或群体的价值观念又是不断变化着的。传统价值观念会不断地受到新价值观的挑战，这种价值观冲突的结果，总的趋势是前者逐步让位于后者。价值观念的变化既是社会改革的前提，又是社会改革的必然结果。

按照科学与人文两个分支，可以将图书馆价值观分为两类，即图书馆的科学价值观和人文价值观。科学价值观是指图书馆对图书馆现象和社会所持的科学性判断标准或者对科学现象所持的态度，包括图书馆应该坚持现代主义思潮，如尊重理性和知识、坚信真理的存在、倡导科学技术创新、秉持科学精神、创新图书馆服务和图书馆职业的理论知识、提倡阅读社会的构建等。人文价值观是图书馆以人文的标准和原则，即以平等、自由和人权作为判断是非的准绳，判断图书馆职业的各类问题和现象，包括注重人文关怀，坚持任何人可以平等、自由地使用图书馆，坚持图书馆应该关注社会弱势群体的信息和知识需求，倡导宽容、公正等。

（三）图书馆精神

精神是奋进的动力和不屈的脊梁，图书馆作为一种职业、一项社会事业和文化教育机构，绵延千年，其产生和发展具有其深刻基础和内在机理。透过图书馆机械而复杂的工作表象，我们也发现一股无形的力量在支撑着它，这就是图书馆精神。图书馆精神，也称为图书馆职业精神，研究者给出了如下定义：图书馆从业人员在对图书馆整体利益认识的基础上，逐步形成的对图书馆职业所承担的社会义务的文化自觉。由图书馆领导者积极倡导、全体馆员自觉实践而形成的代表馆员信念、激发图书馆活力、推动图书馆发展的规范化和信念化的先进群体意识。简言之，图书馆精神是图书馆文化的高度浓缩，是图书馆文化的灵魂和支柱，也是图书馆价值观的进一步形象化和明确化。它是一个图书馆基于自身特定的性质、任务、宗旨、时代要求和发展方向，为了更好地服务于读者和自身发展，在长期的文献信息服务的实践基础上，经过精心培养而逐步形成的，并为全体馆员群体所认同的正向心理定式、价值取向、价值观念和主流意识。图书馆精神具有强大的凝聚力、感召力和约束力，是图书馆馆员对图书馆的责任感、自豪感和荣誉感的集中体现，是一种团队精神，是图书馆在发展过程中占主导地位的思想观念、立场观点和精神支柱。因此图书馆精神是推动图书馆向前发展的动力。

图书馆精神按其具体内涵或内容大概可以分成两类：第一类，科学精神，如进取精神、创新精神等；第二类，人文精神，包括奉献精神、民族精神等。每一种精神都是图书馆职业理解的一种文化现象。图书馆的科学精神就是崇尚科学的真理性与技术的效用性，主张利用先进的技术手段来提高图书馆的工作效率。科学精神是图书馆尊重理性、追求真理、求真务实的集中表述，对图书馆实际业务、图书馆科研活动、图书馆管理活动等各方面都能秉持科学态度，运用科学方法，实施科学管理，创造科学知识，提供科学服务。如进取精神使图书馆坚持不断创新改革旧的职业活动，创造新的职业工作方法、服务活动以及图书馆科学成果。与科学精神相关的还有理性精神等。而图书馆的人文精神是指在图书馆的理论与实践中，体现以人为本的思想，以满足人的需求、实现人的价值、追求人的发展、体现人文关怀、创造美与和谐的图书馆环境为宗旨。其中奉献精神是和人文精神紧密相关的一种文化内涵，既要乐于向读者，尤其是社会弱势群体提供免费的服务，又要甘于向图书馆及其各自的岗位奉献，而且愿意把自己奉献给人类的文化事业、信息化事业。爱国精神也是图书馆从业者精神追求的最宏观境界之一，是中华民族的优良传统。

图书馆因类型、藏书特色、功能、管理风格和馆员状况的不同，再加上受地域文化和民族精神的影响，必然会形成自己独特的图书馆精神。这种独特的图书馆精神包含着图书馆对远大目标的追求，图书馆和馆员强烈的命运共同体意识，图书馆所肩负的崇高使命，图书馆正确的价值观和方法论，图书馆有效的激励机制等。图书馆精神强调的是对馆员的正面教育和启发引导，强调感化作用，以增强凝聚力、战斗力。这种精神与图书馆生存和发展息息相关，它要求每一位馆员都具备主人翁精神，对待工作认真负责，对待读者主动热情，对待同志关心爱护，开拓进取，求真务实，使每一位到馆的读者都能感受到这种上下一心、锐意进取的图书馆精神。图书馆精神具有个性、客观性、群体性、动态性、卓越性等特点。

（四）图书馆道德

道德是指衡量人们行为正当与否的观念标准。一个社会一般有社会公认的道德规范。只涉及个人、家庭等私人关系的道德，称私德；涉及社会公共部分的道德，称为社会公德。道德是有层次的，依次为：滞后于现实的落后的道德、符合现实的一般道德和超越现实、与先进文化同步的高尚道德。道德的评价标准为善与恶、公正与偏私、诚实与虚伪、正义与非正义等，以社会舆论、传统习惯和信念来维持，包括道德原则、道德规范和道德活动等。

图书馆道德是调节人们自身行为的一种自律手段，是调节图书馆与社会、图书馆上下级、图书馆与馆员、馆员与馆员、馆员与读者之间关系的行为规范的总和。它包括一切约束图书馆经营行为与社会行为的规范与制度：法律、行政、社会规范、伦理道德、职业道德等各方面的约束与规范，都是图书馆道德所涉及的内容。具体包括政策性道德（即图书馆的一切活动必须在政策或法制的规定之内进行）、市场性道德（指按照信息服务市场竞争规则和竞争秩序，在不损害竞争对手利益的基础上，以公正的手段获取利益最大化）、公益性道德（即不破坏公共环境、违背社会公共秩序规则）、自我性道德（指馆员自身的素质、思想、品质等不违背习俗、职业或普遍道德规范）。图书馆道德是图书馆文化之根本。用道德的力量去规范图书馆行为，对保证图书馆提高竞争力有着不可估量的作用。这种特殊的意识形态和行为规范，贯穿于图书馆信息服务工作的始终和图书馆管理活动的各个层面，对图书馆文化的其他因素以及整个图书馆的工作质量和效果都有深刻影响。

二、图书馆文化结构的主体部分

图书馆文化结构的主体部分主要包括图书馆文化中的组织文化、制度文化、经营文化等，分别在图书馆发展战略、图书馆组织结构、图书馆管理制度、图书馆管理机制等方面体现，并发挥其作用。图书馆文化的主体结构，是图书馆文化的主要承载者，受核心层的影响，而又影响着表面层次。主体部分以其特有的形态，来体现图书馆文化核心结构的内容和要求，并以此形成图书馆文化的个性特征，形成图书馆的重要特色。

（一）图书馆发展战略

所谓发展战略，是指一个社会组织或市场主体在其经营思想和经营理念的指导下，通过不断优化资源配置，实现其发展方向、发展目标的一整套计划、措施和做法的总称。它是为了促进经济、社会、科技及其他诸要素协调发展而进行的全局性、根本性的谋划。在现代社会中，高度的专业化和协作化使人与人之间的相关性愈加强化，任何人都不可能独来独往，脱离社会而生存。图书馆发展战略是图书馆面对信息社会的到来、经济全球化的形势，为求得长期生存和不断发展，在有效协调图书馆自身与外界相互关系的基础上，对图书馆未来的发展方向所进行的自主选择和自我设计，也就是对图书馆的发展目标、达成目标的途径和手段的总体谋划。它是图书馆发展战略思想的集中体现，是制定图书馆发展愿景的基础。

图书馆发展战略作为图书馆文化的主体结构，主要界定图书馆的使命，回答图书馆为什么要存在，应该干什么，并确定图书馆的发展目标。在符合和保证实现图书馆使命的条件下，在充分利用外界环境中存在的各种机会和创造新机会的基础上，确定图书馆同社会的关系，规定图书馆的发展愿景，合理地调整图书馆组织结构和配置图书馆资源。

图书馆发展战略的主要特征如下。

1. 全局性

图书馆发展战略是以图书馆的全局为对象，根据图书馆的总体发展需要来制定的，所规定的是图书馆的总体行为，追求的是图书馆的总体效果。

2. 长远性

所谓发展战略，就是一个组织的长期目标，只是规定一个近期内就可以实现的目标，如今年图书馆完成多少购书、接待多少读者，都只是从图书馆的目标管理中分解出来的小目标，发展战略追求的是图书馆的长远发展，是对图书馆未来较长一段时间如何生存和发展所做的统筹安排，但这种长远打算必须以现实的图书馆内外部环境为基础，脱离了实际的发展战略是空的，是不可能实现的。

3. 竞争性

图书馆制定发展战略就是为了在竞争日益激烈的信息市场中站稳脚跟，因此它与那些不考虑竞争、不面对机遇和挑战而单纯为了改善图书馆现状和服务、提高管理水平的目标管理行动方案不同。只有将图书馆目标管理与强化图书馆核心竞争力和迎接信息时代挑战联系起来，并提升至战略地位时，才能构成图书馆发展战略的内容。因此图书馆发展战略必须具有竞争性，具有竞争性的发展战略才能使图书馆在信息化社会保持优势地位，战胜对手，从而保证自己的长期生存和发展。

4. 纲领性

图书馆发展战略规定的是图书馆的总体发展目标、发展方向和重点，不可能将每个部门的具体发展措施一一列举，因此它必须是原则性的、概括性的规定，具有行动纲领的意义。战略发展规划必须通过展开、分解和落实，才能转化成目标管理中的具体措施。

5. 相对稳定性

图书馆发展战略必须在一段时间内具有一定的稳定性，才能在图书馆的管理实践中具有指导意义，如果不断变革图书馆的发展战略，就会使为实现发展战略而制定的目标管理措施无所适从，从而影响图书馆的正常管理，当然这个稳定性只能是相对的，图书馆是一个发展的组织，指导组织发展的战略当然也应该是动态的，才能适应外部环境的不断变化。

目前，很多图书馆都有自己的发展战略，尽管很多图书馆的发展战略都是非正式的、不成文的，但是很多图书馆都实行了以读者为导向的图书馆发展战略，这种战略管理成功的关键在于如何发挥组织变革的作用从而取得成功，这取决于是否具有主动变革能力的图书馆组织，也取决于图书馆馆员能否在图书馆事业的前景问题上达成一致，也就是具有共同愿景。

（二）图书馆组织结构

图书馆文化是一种特殊的组织文化。一定的图书馆文化是在一定的社会文化环境氛围中形成的，但它又不同于社会文化（大文化），而是属于一种具有个性特色的组织文化。组织文化是组织在长期的生存和发展中所形成的为组织所特有的且为组织多数成员共同遵循的最高目标价值标准、基本信念和行为规范等的总和及其在组织中的反映。具体地说，组织文化是指组织全体成员共同接受的价值观念、行为准则、团队意识、思维方式、工作作风、心理预期和团体归属感等群体意识的总称。每个组织都有自己特殊的环境和传统，都会形成自己特有的价值观念、思维方式和行为方式，即形成具有个性特色的组织文化。图书馆这种组织亦然。正是这种各具特色的组织文化，构成了一个图书馆与其他图书馆的本质区别。因此图书馆组织作为图书馆文化主体结构的一个重要组成部分，具有非常特殊的意义。

组织文化是一种亚文化，美国社会学家戴维·波普诺在《社会学》中曾说：“当在社会的某一个群体中形成一种既包括一些主文化特征，又包括某些独特的文化要素的生活方式时，他们这种群体文化就叫作‘亚文化’。亚文化可以围绕职业和种类形成和发展。”可见，组织文化是由某个群体在它学会怎样解决对外适应和实现内部团结的问题中创立、发展和形成的。

组织不是简单的一群人的联合，而是为实现某种共同目标，由一定关系和联系方式结合起来，通过管理而形成的具有特定功能的人群协作系统。因此组织都具有一定的结构，组织结构是组织的信息沟通、权力和责任系统，它决定着组织功能的发挥。图书馆的组织结构是指为实现图书馆的目标而架构起来的图书馆框架体系，包括图书馆的部门设置、部门之间的关系、工作岗位、权力分布等。

在图书馆文化建设中，图书馆组织是联系社会文化和图书馆文化之间的中介。它反映社会文化的基本性质，反映其具有共性的内容。同时，它又有着独特的生成过程，它根据自身环境，在遵循社会文化普遍要求条件下，在吸收、容纳和改造社会文化的基础上，通过对其内部成员进行文化整合和长期积累，形成一种个性化的图书馆文化。社会文化对图书馆文化的影响和图书馆文化对社会文化的反作用，都是通过组织这一中介来完成的。

根据图书馆的类型及其结构模式，图书馆的组织结构可以划分为以下几种：直线职能制结构、扁平化结构、高校图书馆文化结构模式、公共图书馆文化结构模式、图书情报档案一体化结构模式等。

（三）图书馆管理制度

制度管理强调约束，它是针对人性弱点而制定的，严密的管理制度会约束人性弱点的暴露和发展，以达到规范人的行为，推崇一种严格、守则、守责的职业规范的目的。作为一种刚性的行为准则，制度对于行为有着最有效的约束作用。图书馆制度是指图书馆的规章制度和管理制度，是图书馆为了维护工作的正常秩序而制定、颁布执行的书面的规定、程序、条例及法度的总和，包括图书馆的馆纪、馆规，具体有图书馆日常行为规范、部门岗位职责、业务工作细则、奖惩制度、图书借阅、保护规范等各项管理制度。图书馆规章制度是图书馆各项工作、借阅秩序得以正常运行，走向规范的保证，其以规范性和约束性的形式，对读者的道德修养进行培育，是管理育人的一种形式。合理的规章、严格的纪律、科学的管理是图书馆管理科学化的目的，是图书馆工作得以稳定而有序进行的重要保证。

图书馆制度是图书馆文化主体结构的重要组成部分。这是因为，从图书馆文化建设的角度看，必须把制度建设纳入图书馆文化的范围内，使之成为文化管理的一个组成部分；同时，图书馆在进行文化建设的过程中会产生一定的文化成果，如各种工作细则、读者行为规范等，这些成果也需要以制度的方式巩固下来，这就使得图书馆制度建设成为图书馆文化建设不可缺少的组成部分。

图书馆内部管理制度是指图书馆内对各个行为主体如图书馆管理者、图书馆馆员、辅助人员、读者等的权利、义务关系的规定，具体包括业务管理制度、行政管理制度等。业务管理制度具体包括各种工作细则，如文献资源建设细则、文献分类制度、计算机编目细则、文献资源开发利用制度、电子资源管理细则、流通服务工作规则、计算机系统管理制度等，主要是让工作人员在工作中有章可循，统一规范，减少错乱、前后不一致等现象；还包括让读者遵守的各种规则，如文明读者公约、读者借阅规则、电子阅览室规则等；还包括一些创新制度，如学科馆员制度、图书馆数据库建设制度、数字图书馆建设规划、图书馆信息服务（如参考咨询、科技查新）制度、图书馆计算机网络服务制度（如读者上网公约等）、图书馆视听服务制度、图书馆社区服务制度等。行政管理制度包括图书馆人事管理制度、图书馆专业技术职务评审和聘用办法、图书馆经费管理与使用制度、图书馆经营管理办法、图书馆建筑与物资设备管理与使用制度、图书馆安全保卫制度、图书馆统计制度、图书馆环境管理制度等。

图书馆制度体现的文化现象包括“书本位文化”“人本位文化”“公约型文化”“强制型文化”等。“书本位文化”是体现图书馆在制定管理制度时完全以馆藏文献信息资源为中心，一切制度都是为了保护馆藏文献，如藏书楼就是这种文化的集中体现。“人本位文化”是指图书馆管理制度的制定、实施和修改等都是以人——包括图书馆工作人员、读者、图书馆管理者等为出发点和归宿，这些人的健康、自由、幸福、尊严是制定管理制度的依据，这就是现在提倡的“以人为本”的文化。“公约型文化”的含义是图书馆管理制度以“公约”倡议的形式出现，侧重于对图书馆管理对象进行感召、感化，如图书馆的文明读者公约等。“强制型文化”则是图书馆管理制度以比较严格、严肃、强迫性的面貌出现的一种文化现象。国内图书馆管理制度中的文化现象正在从“书本位文化”向“人本位文化”、从“强制型文化”向“公约型文化”过渡。

（四）图书馆管理机制

管理机制一般是指系统内各子系统、各要素之间相互作用、相互联系、相互制约的形式及其运动原则和内在的、本质的工作方式。图书馆管理机制是指对各类型图书馆实施控制、监督、指导、操作的机构安排以及这些机构间的权利义务关系，也称图书馆治理，具体包括：谁负责制定图书馆的方针、政策、标准；谁负责对图书馆给予财政拨款；谁决定它的发展规划；谁对它进行监督约束；谁在业务上对它进行指导；谁组织实施图书馆服务等一系列问题。简单地说，图书馆管理机制就是对单个图书馆与其上级机构之间权利义务关系的规定。综观世界的图书馆管理模式，主要包括传统的政府治理、新兴的商业管理、公共图书馆管理模式和高校图书馆管理模式等。

三、图书馆文化结构的外在部分

图书馆文化结构的外在部分，主要指图书馆文化的物质文化和行为形象文化部分，如图书馆建筑文化、图书馆馆藏文化、图书馆设备文化、图书馆服务文化和图书馆形象等。这是图书馆文化结构最表层的部分，是人们直接可以感受到的，从直观上感受不同图书馆文化的依据。结构的外化部分以其直观的表现形式体现核心层和基本层的水平和特色。我们通过图书馆文化的外层结构就能了解该图书馆特有的哲学、价值观念、精神和道德规范，能了解该图书馆的发展目标和组织、制度文化等。

（一）图书馆建筑文化

图书馆建筑文化也称为图书馆馆舍文化，是图书馆文化的外部显现，是图书馆文化建设的重要组成部分，指的是图书馆的物质大环境所表现出来的文化氛围，包括图书馆建筑周围的环境（简称图书馆环境）、图书馆建筑、图书馆馆内布局（如馆内园艺和装饰等）、图书馆馆外绿化和美化等各种物化形态所表现出来的有关文化现象。因此，图书馆的建筑文化建设应该有目的、有意识地体现图书馆文化所特有的内涵和风采。

（二）图书馆馆藏文化

文献信息资源是图书馆开展各项活动的前提条件，是教学、科研、读者服务的基本保障。要把图书馆建设成信息文化中心，首要的是图书馆必须及时、准确、全面地提供各种类型、各种载体的馆藏文献。馆藏是图书馆工作人员在使命感和价值观的指引下，运用信息管理和知识组织的智慧为同代人和下代人创造和组织的最重要、最宝贵的图书馆物质财富，在文献收集过程中，应根据图书馆的性质和各类型读者的不同需求，科学合理地制订采购计划。注意文献的类型、品种、质量，确保图书馆馆藏文献具有较高的品位。

同时注意对现有馆藏文献资源的整合、开发和利用，做到有特色文献、有特色数据库、有特色服务，这就是图书馆馆藏中所蕴含的文化现象。馆藏文化体现在图书馆的藏书体系中，古往今来的藏书楼或图书馆内，作为知识载体的各类文献以其淡墨之香，烘托出浓郁的文化气息。丰富多样、各具特色的文献资源既是图书馆为大众服务的物质条件，又是图书馆物质文化的主要组成部分。因此，图书馆可根据当地社会、经济、文化、科学和教育发展的需要有选择地吸收那些适合经济社会稳定有序发展的文化成果，通过不断调整、充实、丰富和发展逐步形成具有自身特色的馆藏体系，这是图书馆藏书建设的目标，也是发展图书馆文化的基础，图书馆馆藏文化现象是图书馆物质文化研究的核心任务。图书馆馆藏中所蕴含的文化现象是丰富多彩的，主要包括中国古代的藏书楼文化、近现代革命馆藏文化、西方民主馆藏文化、特色馆藏文化、信息文化和网络文化等。

（三）图书馆设备文化

图书馆设备是图书馆物质文化的重要组成部分，是图书馆为了开展文献编目、文献借阅、文献查询、信息咨询、知识导航等主要业务以及辅助图书馆管理所需要的设备，如计算机、复印机以及缩微、光电传输、只读光盘、音频、视频、网络通信设备等现代化设备以及书架、报刊架、桌椅板凳等家具。同时这些图书馆设备也是图书馆技术的载体，随着信息技术和网络技术的发展及其在图书馆的应用，当代图书馆日益走向电子化、数字化和网络化，对技术理性的强调使图书馆获得强大的“技术支撑系统”，显著地提升了图书馆服务水平和竞争能力。技术的重要性使得承载技术的设备对于图书馆的进步来说也显得至关重要，图书馆设备是传输图书馆文化的“非遗传信息”的主要手段之一。对于一个现代图书馆来讲，先进的设备是必不可少的。为了实现现代图书馆的功能，必须有现代化的设备，特别是对高端计算机、数据交换、媒体传播和人工智能系统的利用，不但使现代图书馆走向数字化、虚拟化，而且使读者在馆内既是学习者，又是先进设备的使用者和实践者，使其在使用中不自觉地接触到了先进的技术知识。图书馆设备中体现的文化现象包括人本文化、生态文化、智能文化、数字文化、网络文化等。

（四）图书馆服务文化

图书馆服务功能的强弱直接反映出图书馆管理水平和整体素质，也直接影响到图书馆的文化建设。同样，图书馆文化建设也离不开图书馆的服务工作。图书馆服务是一个很宽泛的概念，它贯穿图书馆的全部工作流程，是贯穿图书馆发展的主线，是图书馆的核心价值观。图书馆服务包括文献信息的过滤、文献信息的有序化、文献信息的传播、文献信息的施效。过滤是通过图书馆馆员的文献采访来实现的；有序化则是通过图书馆馆员的特有技能——分类、编目等来实现的；传播是通过图书馆的借阅、阅览、咨询、研究课题等方面来实现的；施效则是凭借图书馆的物质条件，如馆舍、馆藏、图书馆设备等和图书馆制度条件来实现的；而图书馆的服务理念是靠图书馆价值观、图书馆精神等支撑的。因此图书馆服务是一个贯穿图书馆精神文化、物质文化、制度文化和行为文化的宽泛概念。

服务是图书馆工作永恒的主题，图书馆服务活动中体现最多的便是人本文化。以人为本，尤其是以读者为中心，是越来越多的图书馆在推出文献信息服务的过程中坚持的准则。把“以人为本”贯穿到图书馆服务的各环节中，尊重、理解、关怀读者，以创造性的优质服务满足读者的各种需求，切实做到“为了一切读者”“一切为了读者”，是图书馆服务追求的目标。

（五）图书馆形象

图书馆形象是图书馆文化的外显形态，是图书馆哲学、价值观、精神、道德等的外在表现，是现代图书馆“文化资本积累”的价值体现，是图书馆文化表层结构的重要组成部分。

图书馆形象是社会广大读者和馆内馆员对图书馆的整体印象和评价，是公众对图书馆在运作过程中表现出的行为特征和精神风貌的认识和评价。作为一种文化现象，形象是图书馆与社会公众（读者）以及相关部门不断地进行物质、信息交换中形成的系统效应，是社会对图书馆的文化认定。建筑、设备、环境等外在有形要素和信誉风格、态度、行为规范等无形要素有机构成图书馆形象。它从整体上体现着图书馆的声望，反映着社会对图书馆的承认与信赖程度，图书馆形象可分为内部形象与外部形象、有形形象与无形形象，它们都是内在机理统一的同一事物的两个方面。内部形象是图书馆在内部工作人员心目中的形象，它在很大程度上左右着馆员对自己工作的选择以及对本职工作的态度；外部形象是图书馆在广大读者心目中的形象，它反映着图书馆在社会上的美誉度、信赖度、忠诚度和满意度；有形形象指图书馆馆舍外形及装修程度、图书馆标识等；无形形象则主要指图书馆所提供的服务，在读者中、社会上产生的影响。良好的图书馆形象对内可以产生强大的凝聚力、向心力和感召力，对外可以使广大公众（读者）获得对图书馆的信赖。

图书馆风尚是构成图书馆形象的基本要素，是指图书馆馆员所表现出来的行为特色，是图书馆馆员的愿望、理念、情操、趣味、传统、习惯等心理和道德观念的表现。它是在图书馆精神和道德准则制约和影响下形成的，又直接反映图书馆精神和图书馆道德水平。一个具有开拓精神、创新精神、进取精神、求索精神并能与馆员和睦相处的图书馆，就一定会形成一种积极向上、民主和谐的气氛和风尚。

图书馆形象是客观和主观的统一。每个图书馆都有自身的形象，就像每个图书馆都有自己的核心价值观念一样。图书馆形象塑造的主观基础是图书馆的精神内涵，价值观念是图书馆文化的核心，是图书馆一切活动的灵魂，也是图书馆形象的灵魂和本质。它为图书馆的生存和发展提供了基本方向和行动指南，既能影响和规范人的行为，协调人际关系，增强凝聚力，培育团队精神，又能统一思想，形成共识，引导馆员达成共同的目标。

图书馆形象是具体和抽象的统一。图书馆形象是由其环境、馆藏资源、服务方式、服务效果、公共关系以及管理人员、工作人员等具体因素构成的，因此它是具体的；但图书馆形象不是上述因素的简单相加，而是一种理念精神的提高和升华，体现着图书馆一种具有远见性的培养意识和价值观念，因此它又是抽象的。

图书馆文化结构的基础部分、主体部分和外化部分是密不可分的，它们相互影响、相互作用，共同构成了信息社会图书馆文化的完整体系。其中，基础部分是最根本的，它决定着其他两个部分，因此我们在研究图书馆文化结构的时候，要区分层次，紧紧抓住核心，以取得准确、全面的认识。

第三章　高校图书馆文化建设

第一节　高校图书馆的文化价值

高校图书馆文化价值是高校图书馆及其工作人员，在为读者服务的过程中满足读者文化需要，发挥文化功能和反映文化形态的属性。高校图书馆文化是指高校图书馆及其工作人员，以高等学校文化为背景，以图书文化为基础，在图书管理和提供利用的过程中所形成的特殊的思想观念、行为方式、价值准则、道德规范、心理态势、知识体系及外在形象等意识形态和物质形态的总和。

一、文化资源保障

图书馆最初存在的意义就是保存馆藏文献或知识，后来才开始提供读者阅览和交流服务的。因此，保存文献资源可以说是图书馆一个古老而又永存的使命。高校图书馆的基本职能是保存各种文献信息，这些文献信息不仅包括纸质形式的知识实体，还包括光盘、数据库、网络等电子数字型文献，以及以感光材料为载体的缩微文献和以磁性介质记录的声像型文献，记录了人类在多方面的活动信息，是人类各阶段文化的发展印记的缩影。

高校图书馆是文献收集中心、课程教学资源中心、各科知识信息中心和文化传播中心，其内容涵盖了国内外知名专家学者的专著、报纸杂志、小说传记等。因此，高校图书馆就是因文化积淀而生，是一个专门收集、整理、保存、归档、传播文献资源的知识宝库，它不仅是学术科研的服务机构，也时刻收藏和储存先进文化和知识，掌握最前沿的学科发展动态，履行为师生科研服务的职能，其内在的文化资源保障价值是显而易见的。此外，大学生获取知识仅凭课堂教学是远远达不到的，必须靠图书馆提供的大量课外阅读材料，补充和巩固大学生在课堂上所学到的知识。目前，国内很多高校图书馆都在利用网络搭建数字网络图书馆，这样更拓宽和丰富了图书馆的资料文献体系。因此，高校图书馆的知识存储功能在不断强化，不仅能提供大量专业信息，还能查阅到很多课外科普信息等，深受广大师生的欢迎。因此，在网络时代，高校图书馆通过纸质和电子数据等多种渠道保障文化信息资源，使高校师生在和谐的文化氛围中吸取更多的文化知识。

二、文化信息传播

高校图书馆不仅是中华民族传统文化知识的聚集地，也是世界科学文化发展前沿的窗口。它肩负着传播先进文化、提高广大师生科学文化素质和牢固树立社会主义道德观念的职责，为社会全面进步和经济发展提供强大的精神动力和文化支持。

高校图书馆作为传播信息的媒介，不仅担负着信息及时、准确传播的责任，同时还是一个善于整合其他媒介的结合体，比如高校图书馆收录有重要影响力的书籍和报刊，包括报纸杂志原件和文献信息，即使是在网络迅猛发展至严重威胁传统媒介的今天，数字图书馆的出现让高校图书馆在网络时代依然履行着其传播信息资源的义务。特别是随着计算机技术深入发展和互联网络的普及，信息呈几何级数激增，高校图书馆具有从海量信息中筛选出有用资源的专业优势，与时俱进，利用信息网络技术，将收集、整理、归纳、查阅文献资料实现电子化、网络化、数字化，突破了传统的空间的限制，它不仅是广大师生读者的信息通道和知识宝库，而且掌握着各学科的新动态和社会发展的新趋势。因此，与其他更专注于传播数量而忽视信息质量的文化媒介相比，高校图书馆对于信息的选择具有敏锐的洞察力，在信息的有效传播中最能占得先机。高校图书馆在文化传播中蕴含着明确、科学的价值观念、行为模式，对社会科学文化的深入发展起到了积极的引导和促进作用。

高校图书馆将科学文化、思想理念等传递给广大读者，不仅是对人类知识文化的传播，更多的是一种人文、创新精神的传递和弘扬，是人类精神文明进步的重要途径。

三、文化历史传承

图书馆对文献的储存和积累，使大量文史资料得以保存，并通过广泛的传播，使人类的知识和文化、精神得以绵延不断、代代传承。因此，在继承和发扬中华民族传统文化过程中，图书馆起着重要作用。

我国历史文化典籍资源十分丰富，这些灿烂的文化遗产都是不可再生的珍贵资源，是我们中华民族五千年的智慧结晶，是维护民族团结、社会稳定和国家统一的重要文化基础。高校图书馆文化的传承功能不仅体现在传承古籍文化中，而且高校图书馆文化对读者具有潜移默化的辐射、渗透、引导和影响的作用，是社会先进文化传承的重要载体，能够帮助广大民众抵制个人主义等落后思想的侵蚀，将社会主义和谐精神传承下去，为经济发展和社会全面进步提供强大的精神动力。

高校图书馆作为收集、整理、加工知识文化的重要机构，在继承我国优秀历史文化中起着积极的作用。高校图书馆拥有高素质的员工队伍，能够对散存、破损的历史古籍进行修复和保护；同时高校还会承办相关课题研究，对历史古籍文化进行深入研究，将中国几千年的文化留给我们的后世子孙；高校图书馆还会购买大量的电子图书，减少对纸质古籍的翻阅，这样也能间接保护古籍珍本不受破坏，高校图书馆将这些古籍文献进行电子化处理，让读者可以在线阅读，更扩大了中国古典文化的影响范围。

高校图书馆肩负着保存人类创造的文化遗产和文明成果的使命和责任，为人类智慧和文明的传承开辟了永久的通道，使历史文化宝贵财富的代代相传成为可能。

四、文化人才培育

高校图书馆对丰富大学生知识体系、开启智慧、培养思想品德有着非常重要的作用。

高校图书馆在文化人才培育方面的教育方式大致有以下几种：对读者进行正确的人生教育、文化传统教育和爱国主义教育，普遍地提高大学生的精神文明水平；对读者进行课堂补充教育，以图书馆的各种文献资料为基础，以学生自学为主，加深理解并扩充所学的课堂知识，实际上这是课堂活动的延续和深化，亦即图书馆是大学“第二课堂”的作用；对读者进行美学教育，即通过文艺作品的阅读与欣赏，对提高读者的文学水平与艺术素养发挥作用；同时，图书馆馆员在读者工作中，良好的职业道德和言行规范也能达到培养人、教育人的目的。现代化的高校图书馆不仅利用丰富的馆藏资源进行导读服务，给大学生推荐必读书目，举办有关阅读的讲座，开展多种多样的读书活动和文化活动，鼓励学生多读书、读好书，从而达到改变大学生的阅读倾向，改变知识结构，提高人文素质，淡化读书的功利性；也利用优美的环境文化吸引大学生，充分利用这种良好的文化环境对读者进行无声的教育，使大学生思想观念得到熏陶感染。

由此可见，高校图书馆拥有海量的藏书、宁静的学习环境，有利于激发学生的学习欲望，进而形成自主学习的内驱力。同时图书馆是不同于传统课堂的另外一种教学模式，学生在这里可以自主选择学习，使学生更容易产生价值认同感，这种潜移默化的影响更有利于培养学生的综合素质。尤其是在当前思想意识多元化发展的今天，高校图书馆成了学生更愿意去的地方之一，因为在这里，学生能更多、更快地接触到科学、文化、思想的最前沿。因此，高校图书馆具有文化人才培育价值，为高校向社会输送优秀人才起到了重要的作用。

第二节　高校图书馆的文化体系建设

一、高校图书馆的精神文化塑造与建设

新时期高校图书馆面临着发展环境的巨大变化，服务技术与服务手段的创新在图书馆的研究工作中占据了主要地位，但高校图书馆的进馆率低和纸本图书借阅率减少的局面仍然存在。通过加强精神文化建设来增强图书馆的健康活力和竞争力成为迫切需要。

（一）高校图书馆价值观塑造

价值观是高校图书馆及全体员工共同拥有的指导高校图书馆工作的群体意识，在高校图书馆文化体系中处于核心地位，对于增强高校图书馆的凝聚

力和竞争力至关重要，是高校图书馆活动的行动准则和指导思想。价值观念在精神文化导引下的人类文化心理机制中起核心作用，也正因为如此，当社会变革带来社会价值观念的嬗变时，所引起的社会和心理震荡也是巨大的，价值体系在社会文化中的核心地位主要表现在它为社会行为导向的作用。

1. 确立科学的价值观

任何高校图书馆，无论是处在创业阶段，还是处在发展阶段或成熟阶段，都存在一个确定、调整价值观的问题。高校图书馆要根据它的性质、类型、社会职能、服务宗旨、奋斗目标等，确立科学、正确、与时俱进的价值观。高校图书馆价值观的确定既要考虑其存在基础和客观依据，又要考虑员工的心理承受能力，保持适度的超前性。不同高校图书馆的价值观可能不尽相同，但必须以高校图书馆核心价值观为基础。

2. 对价值观进行倡导与宣传

在高校图书馆中，可以根据员工对价值观的态度将他们分为四种类型：遵守所有高校图书馆价值观的，是忠诚度最高的员工；只遵守高校图书馆核心价值观，而拒绝遵守那些不适合自己的非核心价值观的人，是具有较强创新意识的员工；只接受非核心价值观，却不遵守核心价值观的人，是“颠覆性的叛逆”状态的员工；而对核心价值观和非核心价值观都排斥的人，是完全与高校图书馆处于对抗状态的员工。对这四种员工高校图书馆应采用不同的价值观渗透的方法，对忠诚度高的员工，高校图书馆价值观已经作为一种稳定因素对其行为起指导和控制作用，因此要树立他们为高校图书馆的榜样，号召全馆人员学习他们对价值观的态度。对创新意识强的员工，要想让他们从心理上接受、认同并内化那些非核心价值观，绝不能采用简单的灌输法，只能通过领导层不断地宣传，充分发挥高校图书馆忠诚员工的示范和表率作用，让他们热爱高校图书馆事业，这样在保持了他们的创新意识的同时，也让他们接受了高校图书馆的一些非核心价值观，他们会成为新时代高校图书馆文化建设的新生力量。高校图书馆的那些处于“颠覆性的叛逆”状态的员工，他们不接受高校图书馆的核心价值观，是因为对高校图书馆事业没信心，因此应该通过宣传高校图书馆事业的成就导引他们的价值取向，使他们热爱高校图书馆事业，从而愿意接受高校图书馆的核心价值观。而对于与高校图书馆完全对立的员工，要通过具体的、生动的活动来强化他们的价值观，高校图书馆可以组织丰富多彩的文体活动来宣扬高校图书馆价值观，在轻松的活动中加深他们对高校图书馆价值观的认识、理解和印象。

（二）高校图书馆精神的培育

高校图书馆精神是高校图书馆文化的灵魂和支柱，高校图书馆精神能将高校图书馆各方面的力量集中到高校图书馆的发展目标上来，有利于增强高校图书馆员工的凝聚力和向心力。

高校图书馆精神一般要经历三个阶段，即确认阶段、倡导阶段和深化阶段。

确认阶段的任务是明确它的名称、内涵及其外延。对一个高校图书馆精神的确认，应在馆领导的倡导下，采用上下结合、反复筛选概括的办法，经过反复征求意见，用简洁、感染力强、催人奋进的文字把高校图书馆精神表达出来。

倡导阶段的任务是广泛宣传高校图书馆精神，使员工在思想上了解它、认识它，在行动上实践它。高校图书馆精神取决于高校图书馆价值观，是高校图书馆价值观的个性张扬，能够把抽象的价值观诠释、演绎为一种具体的信念，对增强高校图书馆的向心力和凝聚力，将高校图书馆各方面的力量集中到中心工作目标上来，起到重要的引导和激励作用。高校图书馆精神能够规范高校图书馆工作人员的具体行为，使其在实际的服务工作中达成共识，提高为读者服务的效果和效率。这种导向和规范作用，既通过规章制度、工作标准和工作目标等硬性管理手段加以实现，也通过群体氛围、传统习惯和舆论引导来实现。因此，高校图书馆要利用各种形式、各种活动来宣传、推广、倡导高校图书馆精神，通过领导示范和树立典型来鼓励、导向员工实践高校图书馆精神。

深化阶段的任务是将高校图书馆精神人格化、具体化，并转化为员工的个体意识。高校图书馆精神的导向和规范作用在制约人的行为时具有深厚的感情色彩，对符合高校图书馆精神的好的行为，人们表示支持和赞扬，而对那些违背高校图书馆精神的劣行则表示反对和厌恶。高校图书馆担负着信息服务和信息资源建设的任务，这项任务完成得好与坏在很大程度上取决于馆内是否具有齐心协力、上下团结一致的精神，而这种精神类似一种理性的黏合剂，它把馆内员工固定在同一信念目标上，沟通所有工作人员的思想，创造一种共同协作的氛围，把馆内各种力量汇聚到一个共同的方向，使高校图书馆整体产生强大的前进动力，最终使高校图书馆精神得以弘扬。因此在这一阶段，弘扬和实践高校图书馆精神将不再是员工的被动、应付行为，而是员工的主动、自觉行为。

（三）高校图书馆道德建设

高校图书馆要实现工作人员的行为和馆内所倡导的价值观和高校图书馆精神的统一，必须坚持道德高标准，即崇尚高尚道德。只有通过高校图书馆的道德建设，才能使高校图书馆制定的行为规范和规则，标准化为馆内工作人员的自觉行为，从而变成工作人员的无意识或潜意识行为，如此高校图书馆的价值观才能得以贯彻，高校图书馆精神才能得以弘扬。

高校图书馆道德中最重要的组成部分就是高校图书馆职业道德，很多研究者把高校图书馆道德等同于高校图书馆职业道德。高校图书馆职业道德是指高校图书馆、职工、读者以及周围社会环境之间相互关系的各种行为准则和规范的总和，包括职业责任、职业使命、职业良心、职业纪律、职业行为、职业荣誉等，它是围绕高校图书馆开展业务的全过程而生成、发展起来的，通过舆论和教育等方式影响高校图书馆员工的心理和意识，不带有强制性，且不以成文的形式出现，使高校图书馆员工形成信念等，使之成为约束高校图书馆及其员工行为的原则和规范。它是高校图书馆规章制度的有效补充，与制度相辅相成，共同实现高校图书馆文化的约束功能。

高校图书馆员工的职业道德状况、职业道德修养程度，直接关系到高校图书馆员工为社会服务的质量和水平。在长期的实践中，高校图书馆总结出职业道德的具体内涵包括：对文献爱护备至，积极利用；对读者满腔热忱，千方百计；对同事严于律己，顾全大局；对外部精诚合作，公平竞争等。很多高校图书馆为了使这些职业道德成为每个成员的一种自觉和一种本能，采取了许多有力的措施。比如管理者通过各种方法反复强调和宣传，将服务用语、服务礼仪编成“馆操”，使每个成员将道德准则化为一种自觉行为等。高校图书馆成员只有自觉地履行高校图书馆规定的准则和规范，其行为和高校图书馆价值观念才会真正统一起来。

二、高校图书馆的管理文化建设

高校图书馆管理文化建设是基础性和前瞻性的工作，有助于图书馆增强凝聚力和提升战斗力，推进图书馆各项工作顺利开展。

高校图书馆文化的功能影响和作用于高校图书馆管理是全面的、深刻的，而影响和作用的对象首先是人，即会影响高校图书馆人对高校图书馆的发展战略的确定，对高校图书馆使命和高校图书馆目标的理解。因此高校图书馆的管理文化建设应从以下几个方面着手。

（一）高校图书馆发展战略的制定与实施

高校图书馆发展战略是关于高校图书馆长远发展的纲领，是高校图书馆基于自身状况和对未来环境变化的分析而制定的有长远目标的对策。其目的是创造高校图书馆的未来。高校图书馆发展战略研究的核心内容是高校图书馆存在的目的、基本使命以及主要目标等根本性问题。而这些也正是高校图书馆文化研究的核心内容，在21世纪信息化社会中适应良好的高校图书馆都首先处理好了高校图书馆文化与高校图书馆发展战略的关系。一方面，高校图书馆发展战略的选择必须以现有的高校图书馆文化为基础，高校图书馆文化从宏观的角度描述了高校图书馆馆员有什么样的价值观，高校图书馆馆员的社会责任是什么，组织的行为规范是什么，对员工、对读者、对社会的基本态度是什么等，这些都为高校图书馆制定发展战略和实施战略，提供了思想方法和行为方法。另一方面，高校图书馆文化需要以高校图书馆发展战略为指导：根据高校图书馆发展战略的要求，树立高校图书馆精神或重塑、调整与健全高校图书馆精神，确立新观念、新意识，调整高校图书馆的价值观体系，继而影响高校图书馆文化中的行为文化。

1. 高校图书馆文化建设的重要作用

在高校图书馆发展战略实施过程中，高校图书馆文化建设起着重要的作用。它既可以成为发展战略的推动因素，又可以对发展战略的执行起负面的抵触作用。

首先，高校图书馆文化建设为高校图书馆发展战略提供成功的动力。高校图书馆文化表现为高校图书馆成员共同的价值观，容易形成高校图书馆人的共同愿景，高校图书馆人的共同愿景就是高校图书馆的发展战略。有了共同愿景，高校图书馆人就有了奋斗目标，为了共同的目标，大家团结一致，形成一个凝聚力很强的团队，为高校图书馆在信息化社会的立足奠定了人的基础，提供了发展的原动力。

其次，高校图书馆文化建设是高校图书馆发展战略实施的关键。高校图书馆文化具有激励功能，能激发员工的工作热情，统一全体馆员的思想意识，从而使发展战略得到有效的贯彻和执行。高校图书馆管理中最重要的是对人的管理，这是传统高校图书馆向现代高校图书馆过渡的主要标志——从“书文化”转化为“以人为本”的文化。发展战略实施的过程客观要求一个高效的人力资源管理。而现代高校图书馆“以人为本”的高校图书馆文化给予了员工一个共同的价值观，使员工之间易于形成协同工作的内在动力，从而有助于整个高校图书馆发展战略的贯彻与实施。

最后，高校图书馆文化建设会适应和协调高校图书馆发展战略。高校图书馆文化和高校图书馆发展战略有共同关注和研究的内容，因此高校图书馆新的发展战略要求原有高校图书馆文化的配合与协调。但是由于高校图书馆组织中的原有文化具有相对的滞后性，很难马上对高校图书馆新发展战略做出积极的反应。因此，高校图书馆内部的新旧文化必须相互协调、相互适应，为高校图书馆发展战略获得成功提供保证。高校图书馆在实施新的适应时代发展的战略时，可以根据管理和服务的需要，建立独特的部门文化，使服务具有一定的自主性和灵活性。

2. 确立高校图书馆使命

高校图书馆文化建设对高校图书馆发展战略的影响，突出在高校图书馆使命和高校图书馆目标上，正确地界定高校图书馆所承担的使命和确定高校图书馆的发展战略，是处理好高校图书馆文化建设与高校图书馆发展战略的重点和关键。使命有时又称为任务陈述、纲领陈述、目的陈述、宗旨陈述、信念陈述、愿景陈述等，尽管提法不同，但都是表明组织存在的理由，回答“组织的业务是什么”这一关键问题。高校图书馆使命是一个区别于其他类似高校图书馆的长期适用的对高校图书馆目标的叙述，揭示高校图书馆要想成为什么样的组织和要服务于哪些用户、提供何种服务等愿景内容。传统的高校图书馆使命往往是以辅助特权阶层、保存文献、支持学术研究等为主。自19世纪中叶图书馆事业在英国兴起之后，高校图书馆进入现代化阶段，高校图书馆使命开始充满现代的气息。

每个组织从客观上都应该有一个特别的不同于其他组织的存在理由。清楚表达出这种特别的理由，对于组织战略管理过程来说至关重要，它能为组织资源分配提供基础与准则，从而对组织内部各种目标的相互冲突起到一定的缓解与协调作用；能为组织内部成员了解组织目标与方向提供机会，从而有助于在组织内部树立起团结奋发精神，将组织的业务宗旨转化为具体的行动目标，将战略任务落实到每一位员工。

高校图书馆使命定义可以帮助明确高校图书馆发展方向和核心业务、弄清高校图书馆目前是一个什么性质的组织、将来希望成为一个怎样的组织，以及如何才能体现出不同于其他组织的显著特征，从而为高校图书馆资源配置、目标开发和其他服务活动的管理提供依据，以保证整个高校图书馆在重大战略决策上做到思想统一、步调一致，充分发挥各方面力量的协同作用。提高高校图书馆整体的运行效率。从另一方面讲，高校图书馆的使命就是高校图书馆这个社会分工所承担的历史责任和义务，是与高校图书馆职业意识同时产生的，因为如果意识到高校图书馆是一种职业，那么我们肯定会很清楚地意识到高校图书馆是促进人类知识交流和利用的社会分工部门。定义高校图书馆使命就是阐明高校图书馆的根本性质与存在的目的或理由，说明高校图书馆的性质和服务策略，为高校图书馆目标的确立与发展战略的制定提供依据。

高校图书馆使命主要是通过高校图书馆哲学的形式来明确方向、树立形象、提供激励、指导高校图书馆运行的，这意味着，一个有效的高校图书馆使命表达必须做到在语义上足够清楚准确，能为整个组织及社会所广泛理解和接受，有助于激发整个组织中员工的积极进取精神，创造充满活力的高校图书馆文化氛围，使人觉得在这样的高校图书馆环境中工作，汲取知识，一定能够获得成功，并愿意行动起来，为实现高校图书馆的目标而努力奋斗。

高校图书馆使命的确立是建立在高校图书馆战略管理者对于内外部环境未来发展趋势进行前瞻性分析的基础之上的，这必然会受到高校图书馆战略管理者个人主观价值判断的影响，高校图书馆战略管理者会考虑到各个相关者的利益——不同类型的读者与潜读者、不同层次的员工等，可能会对高校图书馆的发展方向和核心业务抱有不同的期望和看法，例如，对高层次的研究型读者，高校图书馆首先承担的是科学使命，而大众读者，战略管理者首先会保障其民主权利，而对于馆内各个工作人员来说，他们关心的是他们是否受到人文关怀，他们的工作能不能得到领导和读者的认可等。这样他们就有可能会在对高校图书馆使命与目标的认识上产生意见分歧与矛盾冲突。

由于高校图书馆利益相关者所追求的目标之间存在着矛盾冲突，使得高校图书馆战略决策者不可能做到对每一个利益相关者所提出的要求和所关心的问题，都给予同样的重视。此外，高校图书馆本身业务内容的复杂性，也使得高校图书馆使命的表述变得复杂。一个良好的使命表述应能说明高校图书馆致力于满足这些不同利益相关者需要的相对关心和努力程度，注意协调好这些相互矛盾冲突目标之间的关系，对各种各样利益相关者之间所存在的矛盾目标起到调和作用。

高校图书馆在定义使命时必然要涉及社会责任，一个组织的存在必定有其社会责任，否则就没有存在的意义。简要地说，现代高校图书馆的使命可大致分为三类：科学使命、人文使命和民主使命。

（1）科学使命

高校图书馆所承担的科学使命是科学发展轨迹中高校图书馆应该发挥的作用及其所处地位，包括现代高校图书馆继承传统高校图书馆保存文献和科学知识的使命，支持现代科学技术研究、学术信息资源交流、实施终身教育等方面。

（2）人文使命

人文主义的永恒价值观是自由、平等、人权。高校图书馆所承担的人文使命也就是，要保证任何人在任何时候都有权利在人类共同的知识海洋中自由遨游。具体来说，首先，高校图书馆应保证所有的读者，尤其是社会弱势群体能够阅读高校图书馆的馆藏文献；其次，高校图书馆有义务和责任推动公平信息社会和知识社会的建立和维护。

（3）民主使命

民主使命在西方高校图书馆中体现得尤其明显。该使命是在自由主义影响下高校图书馆承担的新的历史责任。这种使命要求高校图书馆在业务中采用便于读者选择的开架阅览方式，而且要坚决不进行任何形式的文献审查。高校图书馆理应成为人类民主进程的重要推进器。

公共图书馆、高校图书馆和研究机构图书馆等所承担的使命是有区别的。公共图书馆更多地承担人文使命和民主使命，推动公平信息社会的形成，保存人类的任何知识记录；而高校图书馆和研究机构图书馆则更多地承担科学使命，即通过提供学术文献资源和支持学术研究活动，来促进高校、国家科学研究水平和创新水平的提高。

3. 确立高校图书馆目标

高校图书馆目标是高校图书馆在一定时期内，依据高校图书馆使命，考虑到高校图书馆的内外环境和可能，沿其发展方向所要预期达到的理想成果，即高校图书馆的共同愿景。高校图书馆使命从总体上描述了高校图书馆的发展方向和服务范围，为指导高校图书馆开展各项业务活动提供了一条共同的主线。高校图书馆目标进一步对高校图书馆使命起到具体化和明确化的作用。将抽象的概念分解成可实现的行动目标，战略目标提供战略方案选择的依据。高校图书馆发展战略最终是达成高校图书馆战略目标而进行的规划。高校图书馆目标是高校图书馆管理活动的出发点和归宿。因此，它在管理中占有重要地位，能够发挥重要作用。高校图书馆目标除了能引领高校图书馆发展战略外，还具有以下作用。

导向作用：能够为管理工作指明方向。由于管理是为了达到一定的目标而协调集体活动所做出的努力过程，如果不为达到一定的目标，就无需进行管理。目标不但规定预期结果，而且规定要想达到这一预期结果所采取的措施，因此在管理中目标既对人们的努力方向起导向作用，又对人们的具体管理活动起明确方向的作用。

激励作用：目标对于高校图书馆员工具有激励作用。每个人都有成就感的需要，希望不断获得成功，而成功的标志就是达到预期的目标。目标的激励作用主要表现在三个方面。首先，在目标确定后，由于它能使人明确方向，因而能起到鼓舞人心、振奋精神、激发斗志的作用；其次，在目标执行过程中，由于目标的制定都要有一定的超前性和挑战性，在实际工作中必须通过一定的努力才能达到，因而有利于激发人们潜在的积极性和创造性；最后，在目标实现以后，由于人们的愿望和追求得到了实现，同时也看到了自己的预期结果和工作成绩，因而在心理上会产生一种成就感和满足感，这样就会激励人们以更大的热情和信心去承担新的任务，达到新的目标。要使高校图书馆目标对员工具有激励作用，目标首先要符合高校图书馆员工的需要，还要具有超前性和挑战性。

凝聚作用：高校图书馆是一个社会文化系统，是依靠目标使全体成员团结起来的。高校图书馆的凝聚力受到多种因素的影响，其中一个主要因素就是高校图书馆目标。高校图书馆活动是一种共同的社会劳动。共同劳动就必然要有共同的目标，否则人们就难以形成共同协作的意愿和团结奋斗的集体。特别是在高校图书馆目标充分体现或变成高校图书馆成员的共同利益和共同追求时，就能大大地激发全体成员的工作热情、献身精神和创造力。

评价作用：即为高校图书馆活动提供考核标准。目标不仅是各项管理工作的依据，而且是评价各项管理工作成绩大小、质量高低的尺度。由于目标本身是可以考核的，而且目标又是可以分解的，因此可据此对主管人员和员工的目标完成情况进行考核。高校图书馆目标是高校图书馆观念形态文化的一部分，具有对高校图书馆的全部管理活动和各种服务行为的导向作用。每一个高校图书馆为了自己存在的目的和所要完成的任务，都会制定相应的目标，确定高校图书馆的使命和宗旨，激发员工动力，集中意志向目标前进。

高校图书馆的实践活动，必须先在其制定的目标要求下实施驱动，比如高校图书馆的形象战略就是一种高校图书馆目标战略，是高校图书馆哲学和价值观的集中体现，可以使高校图书馆随条件和环境的变化而变化，合理调整高校图书馆的整体目标，统筹高校图书馆的运作与服务，使高校图书馆在信息化社会立于不败之地。因追求的目的不同，高校图书馆目标有各种类型。按内容划分，可分为总目标、分目标；按时间划分，可分为长期目标、中期目标和短期目标；按范围划分，有个人目标、部门目标和高校图书馆整体目标等。高校图书馆目标反映着高校图书馆从现在开始到未来某个时间点的大致战略走向和主要预期成效，给人以鼓舞和信心。管理者一旦把高校图书馆目标传达给高校图书馆员工，便成了高校图书馆人共同的目标，促使高校图书馆人相互配合、形成人际关系的向心力。确定高校图书馆目标必须要从总体上体现高校图书馆的经营战略和服务内容，要有一定的超前性和竞争性，要处理好社会效益和高校图书馆效益的关系。要充分考虑高校图书馆目标的复杂性、动态性、现实性和可实现性来制定和贯彻高校图书馆目标，争取使高校图书馆目标达到最优。

4. 高校图书馆发展战略的实施

一旦建立起高校图书馆的正确使命，确定了高校图书馆的短期、中期和长期目标，高校图书馆的发展战略也就得以确立，高校图书馆文化建设的最终目标，是实施这些高瞻远瞩的发展战略。以读者为导向的高校图书馆战略管理成功的关键在于如何发挥组织变革从而取得成功，这取决于是否具有主动变革能力的高校图书馆组织，也取决于高校图书馆馆员能否在高校图书馆事业的前景问题上达成一致，最好的方式就是规划共同愿景。

高校图书馆的共同愿景是告诉高校图书馆的每一名馆员，“高校图书馆将成为什么”的前景。它与战略目标相似，却又不同于战略目标。对于高校图书馆成员来说，战略目标是全局性的、长远性的。高校图书馆的发展战略是以高校图书馆全局为对象，根据高校图书馆总体发展的需要而制定的，它规定的是高校图书馆的总体行为，所追求的是高校图书馆的总体效果，而且是高校图书馆谋求长远发展，对未来较长时间内如何生存和发展的通盘筹划。而共同愿景明确告诉成员什么时间能达成怎样的具体目标。

所有高校图书馆都有自己的发展战略，这些发展战略有非正式的、不成形的或是随机的，也有正式的。高校图书馆的共同愿景，如其定义所指，是所有成员所期望的、能让大家主动接受并为之奋斗的可以达成的战略目标。共同愿景是高校图书馆的灵魂和动力之源。员工认同高校图书馆的愿景，并将其与自身的人生规划合理地结合起来，这是高校图书馆文化建设的内在要求之一，也是员工关系管理的起点。没有共同的愿景，缺乏共同的信念，就没有内在的动力；不与人生规划合理地结合起来，个人就会缺乏奋斗的目标和现实动力。通过确立共同的愿景，牵引成员通过组织目标的实现，进而实现个体的目标，这是一个群体利益和个人目标实现双赢的过程。认同高校图书馆共同愿景的核心是认同高校图书馆的价值观。共同的价值观能够保障员工在行动中的一致性，并根据好恶做出有利的选择，是保障群体凝聚性、向心力的基础。

（二）高校图书馆管理模式的创新

加强高校图书馆管理，以管理促发展，以管理出效益，以管理出水平，是高校图书馆在信息化时代的内在需求，更是高校图书馆文化被重视和提出的新使命。进入21世纪，各国都陆续进入了信息化社会和知识经济时代，信息化社会最主要的标志就是知识管理在各行各业的应用，而知识经济时代，国家之间的竞争不再依赖土地、资源、人口、财富等因素，知识的产生、传播、积累、运用和创新将成为最有力的竞争因素。

对高校图书馆来说，任何一种管理思想、管理方法和管理模式的形成，高校图书馆文化都起着主导作用。因为是高校图书馆的核心价值观决定了高校图书馆愿不愿意改进现有的管理方式，要不要实行管理创新；愿不愿意采用改善管理效率的新技术和新手段；愿不愿意在管理中实行“以人为本”，重视人才；愿不愿意加强高校图书馆基础管理工作，塑造良好的高校图书馆形象等。高校图书馆目前的管理模式在体制上都是有些僵化的，高校图书馆文化建设就是要打破高校图书馆管理模式上的僵化，在管理模式上，高校图书馆界做了以下实践。

1. 高校图书馆管理上的改革创新

管理上的改革创新对一个高校图书馆来说尤为重要，它不仅为高校图书馆服务和技术创新提供良好的运行机制和生存环境，还能有效地规范高校图书馆的各种制度和标准，为高校图书馆的发展创造良好的内部环境。把韦尔奇的管理模式与高校图书馆管理结合起来，并深入到高校图书馆管理实践中，对高校图书馆管理实行改革创新，是21世纪高校图书馆管理的一个新思路。

作为服务业的高校图书馆，虽然不同于企业，但它在很大程度上依赖于人的能动性、服务过程与服务质量。在信息技术飞速发展的当今社会，要有效地把握高校图书馆的服务质量和工作效率，使它充满活力。随着全球各国的信息化社会进程，我国也不可避免地步入信息化社会。在信息化社会，高校图书馆面临着空前的竞争。首先，依赖计算机网络诞生的各种信息咨询公司、网络内容提供商等使信息市场的竞争格局发生了变化，不仅模糊了行业概念，还极大地削弱了高校图书馆的竞争力；其次，网络信息借助电子通信技术，一方面提高了传播速度，另一方面也强化了网络信息的流动性，这在一定程度上不仅缩小了信息资源的差异性，还掩盖了高校图书馆原有的资源优势。开放性、分布式的网络环境所吸纳的用户群体也是多样的，而用户需求也随之发生变化，逐渐体现出个性化和多元性的特征，这对高校图书馆来说既是机遇也是挑战。因此，高校图书馆应充分利用计算机网络优势，在发展中渗透全球化思维，不论是管理模式还是馆内服务等运作机制都应与国际接轨，这是我国高校图书馆势在必行的举措，也是实现国际资源共享、适应多边竞争格局的必由之路。通过自主变革以应对多变且不稳定的市场竞争，顺应全球一体化的发展趋势，借助网络技术实现图书馆资源共享，以满足用户多样化的需求，提高自身的市场竞争力。

2. 高校图书馆的知识管理创新

知识经济时代来临之后，社会越来越注重知识管理。知识管理是一种全新的管理形式，它也是人类在管理方面做出的伟大探索，是信息化时代、知识经济时代带来的产物。知识管理是在知识类型的企业实践当中诞生，并且已经经过了实践的检验。知识管理在越来越多的企业当中应用，图书馆储存了大量的知识，在管理方面完全可以借助于知识管理的方式对当前的工作做出调整。图书馆知识管理作为新兴的、先进的图书馆管理理念，已经逐渐渗透到我国图书馆的管理活动中，对图书馆管理的创新有非常大的影响。图书馆的创新管理不仅能为读者和图书管理人员带来便利，而且能充分发挥知识的价值。

高校图书馆是储存知识的地方，更应当实行知识管理。知识管理的实行可以使高校图书馆认识到知识才是管理的核心。知识管理就是在高校图书馆的管理工作中渗透知识管理的理念，将管理内容由承载知识的物质材料转变为知识本身。对图书馆来说，其必须认识到物质材料只是知识的附着物，通过开发文献中的知识价值，将其转化为社会效益不仅是高校图书馆管理的基本任务，也是知识管理理念的核心。对图书馆来说，要进行知识管理就必须加强知识积累和知识更新，在挖掘内在的智力资源和智力要素的基础上提高图书馆的竞争力。

打造以知识管理为核心的高校图书馆，就必须转变传统的文化观念，这是高校图书馆管理的一种新方式。通过更新价值观念、强化行为准则规范和道德意识，以构建良好的文化氛围，在提升全体馆员责任感和荣誉感的同时推进高校图书馆的文化建设，进而借助文化的辐射和传递作用提高馆员的创新意识和创新能力，强化馆员的团队精神，增强高校图书馆的凝聚力。

（三）高校图书馆组织结构的重新设计

高校图书馆组织属于高校图书馆管理的内容。高校图书馆现有的组织体系中存在着许多不利于发展、不适应信息时代的弊端，最主要的就是不同系统的高校图书馆条块分割各自为政，导致系统间的资源共享缺乏实现机制。

为更好地发挥高校图书馆组织载体的功能，进行组织设计是必要的。

组织设计是对组织活动和组织结构的设计过程，是把任务、权力和责任进行有效组合和协调的活动。组织设计的基本功能是协调组织中人员与任务之间的关系，使组织保持灵活性和适应性，从而最有效地实现组织目标。组织设计的结果不仅要形成一整套组织结构，还要建立一整套与之相适应的员工考核、评奖、选拔和发展的制度。组织设计应当与组织的战略目标或组织使命或发展愿景及组织中的人员相适应。因此组织设计要适应组织的工作任务和组织环境。不断变化的环境要求组织在结构方面保持更大的弹性，以适应环境的变化。

现在很多高校图书馆都在对高校图书馆组织结构进行重新设计，试行灵活的组织结构。对单个高校图书馆来说，很多高校图书馆开始试行业务流程重组和信息集群式服务模式。

1. 高校图书馆业务流程重组

高校图书馆业务流程重组是以读者需求为起点到创造出对读者有价值的服务为终点的一系列活动，由一系列工作环节组成。业务流程重组有三条基本的指导思想。

以读者为中心，以读者价值流为导向进行流程设计。高校图书馆服务的最终目标是实现特定的社会效益，因此业务流程重组必须优先考虑社会、读者需求。业务流程重组要求把高校图书馆工作重点放在最大限度地满足读者的信息、知识需求上，坚持以读者为导向，按价值递增过程将相关的操作环节进行重新组合，组成高效率的、适应读者需要的完整业务流程，并以此为基础重新设计高校图书馆的组织结构，为读者提供有较高价值的信息。

以馆员为重点，通过渗透“合工”理念以重新整合业务流程。在传统的高校图书馆业务流程中，一本书从入馆开始要经历十几道工序才能与读者见面，而这十几道工序是由不同部门来完成的，这在一定程度上降低了工作效率。同时，在传统的文献管理模式下，按类型划分的形式使得同一读者的服务被分割，缺乏与读者的即时沟通，一方面固定的资源配置和运行结构难以满足用户的动态需求；另一方面也极大地影响了高校图书馆的服务质量。美国管理学家迈克尔·哈默和詹姆斯·钱皮为弥补分工原则所导致的不良后果，提出了“合工”的理念，这一思想的主旨是将业务流程作为整体，通过重新整合，以将原本分割的、独立操作的业务流程融合在一起，进而提高图书馆的管理效率，提升高校图书馆的社会效益。在高校图书馆中渗透“合工”思想，以读者为导向进行流程的重组和改造，形成以团队小组为主的管理体系。从本质上讲，“合工”理论形成的是一种扁平化的组织结构，这种新模式对图书馆的管理人员提出了较高的要求，在推动馆员不断学习、不断进取的基础上培养其服务理念和敬业精神。“合工”理念的渗透一方面需要全体馆员具备丰富的知识储备；另一方面要求小组成员必须具备复合型人才的素质，以全面推进高校图书馆建设，实现可持续发展的目标。

以效率和效益为目标，设计业务流程。流程重组关注流程之间的关联性，减少交叉的工作环节，这必将推动高校图书馆服务效率和效益的提高。高校图书馆业务流程重组使高校图书馆具备了灵活的组织结构，更好地体现了不同高校图书馆文化的个性化特征。

2. 高校图书馆信息集群建设

想要建设好高校图书馆文化，组织结构必须是合理的、适应时代发展需要的，高校图书馆联盟应该是一种不错的高校图书馆组织形式，但还是没有打破高校图书馆系统的界限，一般都是高校图书馆和公共高校图书馆本系统间的合作，如中国高等教育文献保障系统等，而处于同一地方的高校图书馆、公共高校图书馆和科研高校图书馆之间却沟通甚少，这在极大程度上浪费了高校图书馆的资源，存在着信息资源重复建设和人力资源重复劳动的诸多不合理现象。因此有必要提出一种新的组织架构模式，来解决这一矛盾。信息集群的提出，为解决这一问题提供了一些思路。

高校图书馆信息集群是大量高校图书馆及信息机构所集中形成的信息群落。这种集群不仅有利于凸显地域的信息资源服务优势，还能转变高校图书馆的组织结构，形成一种网络化、扁平化的高效管理模式。同时，高校图书馆信息集群还实现了各图书馆之间关系的开放化、协调化，一方面能满足用户的个性化需求，另一方面还能充分发挥信息竞争优势，形成一种强劲的、新型的空间知识服务组织形式。从本质上讲，信息集群就是按照科学的方法和专业组成对信息资源进行序化分级，是一种类似生物有机体的信息群落。

在集群内，不同系统的高校图书馆以一种纵横交错的网络关系联系在一起，不同系统之间既有分工又有合作，用户群体在信息集群内可通过虚拟服务平台获取信息服务，极大地提高了高校图书馆的服务效率和服务质量。

高校图书馆信息集群服务模式是一个具有资源共享、平台共建、知识共创的，以用户信息需求为中心的个性化高层次精确知识服务模式，它比高校图书馆联盟的理念更进了一步。高校图书馆联盟一般限于条块分割的各系统高校图书馆之间的联合和信息资源共建共享，这种做法因为高校图书馆类型相同，任务大致相同，各类型高校图书馆以自身利益为核心形成的一种集群分割的局面，这种按条块建立起的信息系统不仅是分割的、互不融合的，同时也难以实现真正意义上的资源共享。而信息集群通过整合不同系统、不同类型高校图书馆的优势资源，在构建共同联合体服务平台的基础上进行协同分工合作，一方面有利于挖掘信息资源新的内涵和价值，另一方面还能满足图书馆用户更高层次的信息需求。作为一种创新型的知识服务体系，信息集群模式有效地整合了组织内的信息资源、人力资源及技术资源等各种知识服务要素，不仅提升了高校图书馆信息资源的整体价值与效益，还实现了真正意义上的资源共享。此外，在信息集群中，以知识为中心所形成的网络和联系也是一种潜在的战略资源，通过开发、利用和共享构建一条多元化的、立体互补的信息需求价值链。

（四）高校图书馆人力资源建设

高校图书馆的文化建设与人力资源建设是密不可分的。作为一种管理理论，高校图书馆在进行文化建设时应以人的管理为中心，依据文化特点和规律，在提高人们综合素质的基础上提升图书馆的文化形象。同时作为一种管理方式，高校图书馆的文化建设也应体现出以人为本的思想，基于人的因素构建图书馆文化，挖掘人的潜能，一方面有利于提高图书馆的工作效率和竞争能力，另一方面也有利于提高图书馆的社会效益。

1. 高校图书馆文化是人力资源开发的关键性因素

作为一个学术服务性机构，高校图书馆不仅要具备一定的物质资源，还要有人力的支撑，也就是说，高校图书馆是一个兼具物质资源和人力资源的服务性机构。首先，从物质层面来说，基础设施、现代技术设备、文献载体及环境等构成了读者服务的必备条件，是图书馆服务能力的基本体现；其次，物质资源的利用程度取决于人员素质的高低，因此，人是高校图书馆的核心，其作为调整和支配物质资源的主体，不仅彰显了高校图书馆的活力，还体现了高校图书馆最根本的力量，反映了高校图书馆的综合素质和实力。总之，人作为读者服务活动中最积极、最活跃的因素，不仅决定着读物的质量和可利用程度，还影响着高校图书馆知识产品的组织和读者服务。因此说高校图书馆人力资源的开发是非常有必要的。从企业文化对人力资源开发的影响可以看出，不同的文化观可以导致不同的人力资源观，建立积极向上的高校图书馆文化理念，可以将高校图书馆事业推向成功的彼岸。

2. 高校图书馆文化是人力资源开发的理论依据

人力资源的文化开发是基础，其作为影响其他资源开发的决定性因素，一方面受制于人自身文化素质的开发水平，另一方面还取决于人的体能、智能和技能的发挥，而这一切都依赖于人对组织文化的认同和理解程度。基于此，高校图书馆在进行文化建设时，强调以人为本，注重挖掘人力资源文化潜质，在探索人的思维和行为关系的基础上揭示人力资源的经济生活及社会生活的文化起点和价值归宿。同时高校图书馆文化还倾向于探索人的管理、服务、经营等一切社会行为的文化元素，从而为高校图书馆、信息社会乃至整个人类探索出一条既能张扬个性、发展人性，又能使高校图书馆的社会效益达到最好的文化途径。从这个意义上讲，高校图书馆文化是人力资源开发的理论基础。

高校图书馆文化作为人力资源开发的基本理论，主要体现在以下四个方面：人本基础论、群体和谐论、文化自觉论和价值主导论。这些理论贯穿于整个高校图书馆文化的研究体系中，其中人本基础论是人力资源开发的文化元典，即以人为本的文化管理理念。群体和谐论是人力资源开发的文化优势，即指高校图书馆团队精神的建设。文化自觉论是人力资源开发的文化优势，体现于文化的潜移默化功能之中。价值主导论是人力资源开发的文化核心，体现在价值观主导和支配高校图书馆文化的其他要素的核心地位上。

3. 高校图书馆文化是人力资源开发的重要内容

人们对人所拥有的创造社会财富的能力进行挖掘、发展和充分利用的过程就是人力资源开发，人力资源开发涉及许多方面的内容。就文化研究者来说，他们更关心人力资源如何开发文化领域。具体来说，人力资源的文化开发以人的精神文化潜能拓展作为重点，真正实现了以人为本的理念，从以往的管理人转变成善待人、对人的能力进行挖掘、开发和培养，让人在精神文化和物质文化方面的需求得到最大的满足，推动人力资源开发走向个人价值和组织价值统一的高级层次。图书馆长期发展的目标和重要内容之一也是人力资源的文化开发，而且这种文化开发作为重要的意识形态文化之一，既能集中体现出社会政治和经济的发展情况，又能积极推动社会政治和经济的发展。就整个人类社会文化系统来说，高校图书馆文化只是其中的一个组成部分，当同一个社会背景中的民族精神、社会文化和时代精神共同组合在一起凝聚在高校图书馆中，便是人们所说的高校图书馆文化。高校图书馆文化还包括高校图书馆精神和价值观。从高校图书馆文化衍生出的一系列精神财富，如价值准则、知识体系、思想观念、道德规范、行为方式、心理态势等，对高校图书馆的能力建设和长远发展产生重要的影响。所以，积极开发高校图书馆人力资源的文化作为一种积极、正向的文化管理方式，将对用户读者、高校图书馆和员工之间的关系产生一定作用的管理决策和管理行为囊括其中，也是文化管理的重要内容之一，所以说，高校图书馆文化是人力资源开发的重要组成部分。

4. 高校图书馆文化是人力资源开发的途径

高校图书馆文化强调高校图书馆馆员共同的信念、共同的价值观、共同的目标理想，高校图书馆共同的愿景，共同的高校图书馆作风和高校图书馆形象等。高校图书馆文化是一个新概念，说它新，是因为它作为一个管理理念的新。文化存在于高校图书馆中上千年，潜移默化地影响了无数人，但是直到它在企业管理中发挥出其巨大的影响力之后才被高校图书馆界重视。从企业文化对企业管理的影响和作用以及许多企业的文化管理成功经验中，高校图书馆可以找出在新的信息时代谋求新的发展道路，即高校图书馆要建立一种明确的高校图书馆文化，如一致的价值观、一致的理念，作为高校图书馆管理和员工行事的重要依据。高校图书馆文化之所以是人力资源开发的重要途径，是因为高校图书馆文化强调高校图书馆的个性特征，不同的高校图书馆有不同的个性，管理理念和方法也不能全部生搬硬套，但每个不同的高校图书馆在个性特征中都有一个共同的管理理念，即“以人为本”的管理思想。高校图书馆文化强调对高校图书馆员工和用户的价值观、人生观和专业技能等的具体塑造。而且，还在目标上确立高校图书馆的经营战略和服务方针，从改变人的观念入手，以各种途径和方法来调动人们的积极性和创造性。

5. 高校图书馆文化使人力资源开发价值更高，效果更好

高校图书馆文化建设首先要加强人力资源建设。人文氛围浓厚的高校图书馆，离不开高素质的馆员。拥有一支高素质的高校图书馆队伍，是高校图书馆事业得以健康发展的关键。实践证明，凡是管理出色的组织，都有一个充满活力，很有凝聚力和战斗力的团队。高校图书馆应从可持续发展的角度，顺应知识经济时代的要求，营造和谐的文化氛围，追求人与自然和谐共处的目标。从生态文化的角度来看，高校图书馆应建立绿色人际关系，即人与人相互关心、和谐合作、协同进步的生态环境，营造用户自己把握自己的文化氛围。成功的高校图书馆的最大秘密就是“物质精神化”。只有灌输了高校图书馆精神，高校图书馆的一切才变得有了生气，成为积极的发展因素。因此，利用高校图书馆文化建设构造良好的人际关系的关键在于领导要做到以下几点。

第一，要对员工多问、多说、多教。多问员工存在什么困难，多向员工阐明自己的观点、要求，多对员工进行引导、教育、培训。

第二，要任人唯贤，不要任人唯亲。创造一种公平公正、合理竞争的氛围，让每个人都能发挥自己的能力和潜能。

第三，个人利益服从整体利益。要从高校图书馆生存和发展的大局入手，审时度势、多方探索，将整体利益置于个人利益之上，要注重人力资源建设，但当个人利益与整体利益产生冲突时，最终个人利益得服从整体利益。

第四，张扬个性，崇尚创新。由于高校图书馆本身的特殊性，使得高校图书馆馆员似乎是在机械地重复同样的工作，很少有创新意识，这严重压抑了高校图书馆馆员的个性和创造力，整体缺乏活跃的氛围。高校图书馆应当鼓励创新，根据自身所处的地理人文环境、历史发展、人员结构、发展目标的不同而形成自己独特的个性文化，保持旺盛的生命力和活力。

第五，重视读者。倡导读者第一、服务至上的办馆理念和行为规范已是高校图书馆人在实践工作中达成的共识。将读者第一、一切为了读者的理念

真正深入到每一位馆员的心中，并作为他们的行动指南，不断优化和创新服务，把读者满意、读者信息需求的满足作为高校图书馆服务的出发点。

三、高校图书馆的服务文化建设

高校图书馆服务文化是指全体馆员在工作、学习、娱乐及为读者提供服务等过程中所产生的文化，如高校图书馆运营、教育宣传、人际关系活动、文娱体育活动等。它是高校图书馆运营作风、精神面貌、人际关系的动态体现，也是高校图书馆精神、高校图书馆价值观的折射。它也是高校图书馆的显性文化，一个高校图书馆文化建设的好坏，第一印象就是高校图书馆的行为文化。在高校图书馆的行为文化中，最显著的当属服务文化，高校图书馆服务是高校图书馆永恒的主题，建设好服务文化，就建设好了高校图书馆的行为文化。

（一）高校图书馆的服务行为

高校图书馆作为一种重要的文化或信息服务机构，具有较高的层次，是建设社会主义精神文明的重要方面之一，高校图书馆的整体形象集中体现在馆员的个体形象上，图书馆要与自身行业的特征相结合，利用多样化的形式培养和教育一线馆员，重点培养馆员的礼仪，对他们的职业行为进行规范，推动馆员思想道德素质和文化素养、整体素质的显著提升。首先要求馆员每天上班时保持着装的统一、和蔼的态度、整洁的仪容、规范的操作、亲切的话语、和善的目光、周到的热情、得体的言行举止对待用户读者，始终坚持原则。除此之外，还要与兄弟图书馆之间增强互动交流，定期自查自纠自身的服务态度、服务工作以及服务质量，对其中存在的问题进行改善，结合服务文化制订长远的目标和近期的计划，推动自身服务质量和服务能力的提升，让不同层次的读者的需求得到满足。

（二）高校图书馆的服务文化

人与人之间在文化方面的沟通便是服务，文化为服务的发展提供了源源不断的动力，在文化的支撑下，服务的品位、灵活性和内容将不断提升。一旦把服务转化成员工内心层面的需求，便会激发出员工的创造性和积极性，实现常态化和规范化的服务，并且推动快乐服务和创新服务理念的实行。一旦确定了文化服务之后，就能让制度层面的服务整合成文化和观念上的服务，从而将服务文化的陶冶作用、推动作用和辐射作用充分发挥出来，推动服务品位和质量的提高。优质服务有利于净化、提升和陶冶员工的素养和情操，为读者营造出愉悦、满足的氛围，推动高校图书馆朝着健康的方向持续发展。服务文化的发展必然少不了高校图书馆的推动，只有这样，才能将服务升华到文化层面，在高校图书馆组织开展的所有活动中进行融合和渗透，实现服务的全员化发展，让高校图书馆成为为读者提供优质服务的重要场所。

服务文化表现在以下几个方面。

1. 服务礼仪文化

微笑服务作为基本的服务礼仪之一，是所有服务行业一直被推崇的服务规范之一，高校图书馆也要如此，因为微笑服务能够营造出开心愉悦的氛围，提高读者的读书效率，同时，读者的愉悦反馈给馆员，也能让馆员感觉到自己的工作受到认可。服务礼仪还包括举止、谈吐和衣饰，这便要求馆员必须态度和蔼、举止得体、衣饰整洁、谈吐文雅，让读者感受和沉浸在服务美中，从而不断提高高校图书馆的文化格调和品位。所以，高校图书馆可以为馆员定做统一的服装，对馆员的行为方式和言行举止进行规范，从而促进高校图书馆服务礼仪文化的提高。

2. 服务艺术文化

每一种服务都代表了一种艺术，不管是调酒师挥洒自如、自由灵动的手势，还是茶楼中的传统茶道手艺，或是商场、旅店门口的迎宾先生、小姐的礼仪，都给予消费者或用户一种美的体验。高校图书馆也要结合自身的特征和优势，对自己的服务特色进行创造。服务人员要对馆内的馆藏和分布情况了如指掌，对于读者提出的任何咨询问题，都能给出准确和全面的回答。还要对读者的心理进行分析和研究，对读者提出或遇到的问题进行合理、合境、合人、合情的解决。

3. 服务品牌文化

服务行业一般都非常注重培养本行业的服务品牌。高校图书馆也可以塑造自己的服务明星，树立起高校图书馆服务品牌形象。榜样的力量是无穷的。如果说价值观念是高校图书馆文化的灵魂，那么，榜样则是这种价值观念的化身，他们为高校图书馆馆员提供了有形的学习楷模和活生生的样板，以生动具体的形象体现了高校图书馆文化的精髓，把抽象的精神层面文化具体化，对高校图书馆文化的强化起着重要作用。高校图书馆的服务品牌形象主要是指个体品牌形象，而个体品牌形象又主要是通过发掘和培养部分馆员形成的。一是思想品质好，工作勤恳，具有开拓进取精神；二是具有良好的职业道德，言行规范；三是有能力担负起高校图书馆现代化建设、服务和管理的重任；四是文献信息知识结构合理，专业方向明确；五是具有较高的计算机、外语和通信技术等方面的技能；六是具有较强的语言表达能力、写作能力和交际能力等。已在读者中享有赞誉的馆员，他们代表高校图书馆文化的伦理，是高校图书馆文化的支柱和希望，表彰和宣传他们的精神业绩，会影响和鼓舞一大批馆员，提高高校图书馆的知名度，对外作为服务品牌的宣传形象，对内作为全馆学习的楷模，达到互帮互学、提高高校图书馆整体服务水平，并最终树立起高校图书馆整体品牌形象的目的。

四、高校图书馆形象建设

进入21世纪后，如何形成高校图书馆事业发展新的推动力，是高校图书馆人迫切需要解决的问题。而创建高校图书馆文化、塑造良好的高校图书馆形象正是解决这一问题的关键所在。

在高校图书馆中，文献是基础，馆员是本体，而文化是灵魂，因此可以说，有什么样的高校图书馆文化，就有什么样的高校图书馆形象。高校图书馆文化的特点和风格，决定了高校图书馆形象的特点与风格；高校图书馆文化的好与坏，也就决定了高校图书馆形象的好与坏。高校图书馆自身状况是高校图书馆形象塑造的客观基础。所谓高校图书馆的自身状况，包括服务水平、服务质量、外部环境及设施、高校图书馆员工行为等外显性的形象表征。塑造高校图书馆形象的关键和前提条件是塑造好人的形象，人是高校图书馆文化建设的根本。在当前以技术为主导的环境中，要求高校图书馆形象的塑造应重视人文意境的建设，体现人文关怀。

（一）高校图书馆形象的意义及作用

良好的高校图书馆形象是高校图书馆的无形财富，是高校图书馆的无价之宝，不仅会产生巨大的社会效益，还会产生巨大的经济效益，在高校图书馆文化体系中有着非常重要的作用。

第一，良好的高校图书馆形象，可以使其得到广泛支持。通过提高高校图书馆形象，使广大读者对高校图书馆的工作满意度得到提高，使其在社会中的地位得到广泛的肯定，从而使高校图书馆的各项具体工作得到有力的支持。

第二，良好的高校图书馆形象，可以吸引更多的读者。重视高校图书馆的形象建设，可以引导更多的读者认识高校图书馆、光顾高校图书馆，争取读者的信赖和满意，从而吸引更多的读者利用高校图书馆的信息资源。

第三，良好的高校图书馆形象，可以增强其凝聚力。好的高校图书馆形象可以使全体工作人员产生与高校图书馆荣辱与共的思想，赋予工作人员自豪感，从而产生强烈的责任心，自觉地把自己的言行与高校图书馆的形象联系起来，热爱高校图书馆，献身高校图书馆事业，形成强大的集体凝聚力。

第四，良好的高校图书馆形象，可以使其广纳贤才。高校图书馆作为信息社会的重要支柱，承担着繁重的信息服务和文献资源中心的建设任务，同时由于现代科学技术的迅猛发展及新技术、新设施在高校图书馆中的应用，使高校图书馆面临着人才短缺的困境，特别是高水平的专业技术人员的短缺。但众所周知，由于高校图书馆的公益性本质，高校图书馆的经济效益和社会地位一直不高，对优秀人才缺少吸引力。良好的高校图书馆形象，在很大程度上可以改变这种状况，可以吸引更多的人才从事高校图书馆工作。同时，优秀的人才又往往赋予高校图书馆新的生命力和活力。

第五，良好的高校图书馆形象，可以使各类型高校图书馆之间建立相互信任的合作关系。信息社会越来越重视信息资源共享，高校图书馆各自为政的时代已经过去，各类型高校图书馆之间、各区域高校图书馆之间的合作与资源共享已成为趋势，树立良好的高校图书馆形象，获得社会和主管部门的认可，将资源共享的合作项目放心交给本校图书馆，可以促进本校图书馆各项业务的发展。

（二）高校图书馆形象塑造

高校图书馆形象的塑造，即高校图书馆识别系统，是把高校图书馆的服务理念与精神文化运用于行为活动、服务工作等方面，以获得读者用户的认同和赞誉，从而树立起良好的高校图书馆形象。此系统的关键是以服务理念为核心，对高校图书馆内部管理、服务关系、服务宣传、服务拓展等各个方面进行组织化、系统化、统一化的处理，力求高校图书馆在所有方面以一种统一的、具有个性特点的形象展现于读者用户面前，增强高校图书馆形象的传播力和辐射力。由此可见，高校图书馆识别系统是基于文化层面上的一整套高校图书馆识别系统，是一项涉及方方面面的系统工程，它包括三个子系统，即理念识别系统、行为识别系统、视觉识别系统。

在高校图书馆形象塑造系统中，视觉识别系统是最外在、最直观的部分，是高校图书馆识别系统的静态识别符号，是具体化、视觉化的传达形式。它重在突出高校图书馆个性特征，发挥形象效应。它把高校图书馆的新理念，借助静态的、具体化的、视觉化的传播形式，有组织、有计划地传达给社会公众，让社会公众十分清楚地掌握其中传达的信息，达到识别、认知的目的，从而提高高校图书馆的知名度。在实践中，它以体现高校图书馆行业特征的象征图案作为统一的高校图书馆标志，以统一的导引系统、文字规范、标准色和吉祥物等为基础，设计高校图书馆的各种外观，包括建筑外观、环境美化、室内装饰、服饰标牌、馆旗、馆徽、办公用品及服务用品等。各要素之间保持色调和风格统一，达到“形散神聚”的效果。运用高校图书馆独特的视觉识别手段，并将信息向外界传达，从而立竿见影地树立起一个鲜明的高校图书馆视觉形象。统一视觉形象对塑造高校图书馆形象至关重要。它是从人们视觉的角度，使高校图书馆的形象在社会公众的心目中留下难忘的印象。视觉识别系统在企业CIS战略中起到了很好的效果，国际著名企业无一不在这方面别出心裁，刻意造型。肯德基、麦当劳快餐在全世界统一的成套标志，甚至包括规范化的店内装饰、醒目而鲜明的形象，让人印象深刻。高校图书馆在视觉上要做到以下几点：高校图书馆的建筑要具有人文意蕴特色；设施要给人以秩序美、对称美；色彩应体现高校图书馆性质的色彩意境——典雅与柔和；人文氛围要迎之以笑、待之以礼等。

高校图书馆的象征物是高校图书馆文化的可视性象征之一，充分体现了高校图书馆的个性，高校图书馆象征物是高校图书馆作为一种文明、智慧、进步的结晶奉献给社会，显示高校图书馆的文化风格。

（三）高校图书馆形象营销

建立良好的高校图书馆形象，一定要有一整套科学的营销手段。形象营销是指基于公众评价的市场营销活动，是企业在市场竞争中，为实现其目标，通过与现实已经发生和潜在可能发生利益关系的公众群体进行传播和沟通，使他们对企业营销形成较高的认知和认同，从而建立企业良好的营销形象，形成企业营销宽松环境的管理活动过程。

高校图书馆的目标应该放眼社会，让更多的人了解高校图书馆，把更多的潜在用户发展成现实用户。主要措施包括以下几个方面。

第一，注重高校图书馆网站建设。如同高校图书馆的外观和造型是传统高校图书馆的形象代表一样，高校图书馆网站是网络信息时代高校图书馆的一个门面。建立一个实用、简洁、美观而且友好的网页将会吸引更多人的眼球。人们之所以会在大量的搜索引擎中青睐谷歌，除了其强大的搜索能力外，它那朴实无华的主页也是其中一个重要原因。高校图书馆网站是高校图书馆的对外形象，不能太过奢华，让人觉得没有学术气氛，也不能太过凝重，让人觉得枯燥无味。这种度的把握非常重要，决定着高校图书馆依靠网站的形象能够让多少潜在用户变成现实用户。当然，外表只是吸引人的一种手段，要想留住用户，依靠的还是网站为用户提供的便捷、稳定、安全、可靠和高质量的信息服务。

第二，鼓励馆员参加学术会议和发表学术论文。各种类型的学术会议是馆员们相互交流、学习和宣传各自高校图书馆的重要平台。高校图书馆馆员如果各自囿在自己的小天地里，永远不会知道别人是怎么利用新技术开发新产品的。高校图书馆如果能够承办各种大型学术会议，承担高级别的科研项目，馆员们能撰写大量的高水平的学术论文，就能吸引高水平的用户来利用高校图书馆。另外，高校图书馆通过各种方式，培养高校图书馆馆员成为高校图书馆界有一定知名度的专家，就能为高校图书馆争取更多的科研项目，也能更有效地激发高校图书馆馆员的创造力，提高高校图书馆的学术形象。

第三，和大型的搜索门户网站合作。在信息社会，高校图书馆信息产品的营销就需要高科技的手段，可以与大型的搜索门户网站合作，在其搜索网页上建立高校图书馆网站索引。当然，这只是一种大众化的合作，还可以进行进一步的深度合作，如将高校图书馆的馆藏目录与信息资源在搜索门户网站上建立链接，尽管不能完全提供全文信息资源，但可以让用户了解高校图书馆提供的信息服务和信息产品，引导用户利用高校图书馆资源。高校图书馆的馆员应当利用自己的专业知识和对信息技术的掌握，在网络上写“博客”，介绍本馆的信息资源、信息产品及服务特色，也可以写自己的工作体会、查找资料的经验等，将反映高校图书馆内外风貌的图片上传到网络中，与人分享，也可以将高校图书馆的视频资料上传到网络中供人点播，还可以将介绍高校图书馆情况的演示文稿以PPT格式上传供人下载。这些虽然很多是高校图书馆馆员的个人行为，但现在很多人宁愿相信个人经验，也不愿相信大型的宣传活动，所以这些措施能吸引很多的潜在用户使用高校图书馆的服务。

高校图书馆通过形象营销，可以巩固其在信息社会中的信息保存和信息提供的地位与作用，用丰富的信息资源和完美的信息服务与产品将那些不再愿意利用高校图书馆的用户吸引回来，同时吸引大量的潜在用户变为高校图书馆的现实用户，为高校图书馆的自身发展赢得更大的空间。

第四章　高校图书馆文化创新建设

第一节　高校图书馆文化对创新思维的培养

高等学校是人才辈出的地方，云集了众多知识渊博的学者、专家和教授，是传授科学文化知识的场所，是培养更多具有创新思维的、高素质的人才的重要机构。高等学校为培养高素质创新人才进行不懈努力，特别是在图书馆的文化建设方面不遗余力地营造着最优越的创新环境。高校图书馆文化是由高校图书馆工作人员和读者共同创造的精神财富。高校图书馆的文化活动弱化了限制大学生创新思维发展的因素，对他们创新思维的形成有着积极的作用。本节将主要分析高校图书馆文化在大学生创新思维培养方面存在的积极作用。

一、文献服务对创新思维的培养

人类的进步和科学技术的发展有着它们内在的规律性，但它们的发展往往离不开前人知识文化的积累，更与人类整个知识文化的发展分不开。科学家的发明、创造，不仅要继承前一代的科学、技术、知识、文化等智力因素，还必须从前几代甚至整个人类的知识文化积累中汲取营养，激发创新的热情，如此才能够有新发现、新发明与新成果。甚至可以说，整个科学的发展都是以人类知识文化的积累为基础的，科学发展史是人类文化积累和扩大的历史。想要获得创新思维，想要有创新成果，就离不开对前人知识文化的深入研究。只有深入研究人类文化的积累和发展过程，才能更好地进行科学新成果的研究和创作。大学生作为创新思维培养的主体更加应该注重知识的积累，这是走向创新的必经之路，也是淬炼思维、获得灵感的有效途径。高校图书馆就是提供文献借阅的主要机构，里面有不同学者、不同时期的科学著作、期刊论文等研究成果。图书馆提供的知识大多是记载性和描述性的，而它的文化主体作为满足未来社会需求的高素质新型人才，并不满足于传统知识的重复记忆，还企盼在现有知识水平上能够创造出新的精神和物质财富。大学生如果能够在明确研究目标的前提下，进行大量的文献阅读，增加知识的积累，就容易在创新的道路上获得成就。国内外许多学者和科学家就是在大量查阅图书的过程中不断积累知识，获得灵感，为他们新理论、新成果的形成奠定基础的。

图书馆的文献服务有利于创新思维的塑造。对于大学生来说，丰富的知识储备是塑造创新思维的必要基础。知识积累的过程也是大脑思维运转的过程。这个过程不仅利于大脑思维的开拓、知识敏感度的提高和直觉的塑造，还利于灵感与顿悟的获得和捕捉。直觉、灵感和顿悟恰恰是创新思维的展现形式，是塑造创新思维所必需的。高校图书馆收罗了尽可能多的权威的、前沿的专著和典籍，犹如知识的海洋，为广大师生提供了获取更全、更广、更新知识的场所，更为大学生知识的积累提供了便利条件。

二、信息检索对创新思维培养的积极作用

信息检索服务是图书馆利用现代通信技术和先进的技术设备为读者提供文献资源检索、查看和利用的服务。一个有信息素养的人，他能够认识到精确和完整的信息是作出合理决策的基础；能够确定信息需求，形成基于信息需求的问题，确定潜在的信息源，制定成功的检索方案，基于计算机的和其他的信息源获取信息、评价信息、组织信息用于实际的应用，将新信息与原有的知识体系进行融合，以及在批判思考和问题解决的过程中使用信息。

使用信息检索服务能够大大提高大学生的信息素养能力，锻炼他们的信息获取能力和信息处理能力。培养和提高大学生的信息素养，不仅是现代高等教育改革的内在需求，更是信息时代高素质创新人才必须具备的基本能力。培养信息素养的目的是提高大学生的信息认知和评价水平、增强信息利用和实践能力。通过训练信息素养，大学生能更熟练地运用信息技术去识别、获取、加工、传递和使用信息。它的提高有三方面的好处：一是能提高大学生对信息和问题的洞察力和敏感度、知识的变通力和独创力；二是能逐渐让大学生树立终身学习的意识，努力让他们养成终身学习的能力和习惯；

三是让他们能够在信息层出不穷的世界中检索出有价值的信息，减弱大量低质量信息带来的负面影响。信息素养所锻炼的能力正是大学生创新思维培养所需要的条件。在很大程度上，信息素养直接影响着创新能力的高低，也影响着思维的活跃度。可以说，谁拥有强烈的信息意识，谁就能快速准确地捕捉到对自己有用的最新信息，谁就在知识上有足够的深度和广度，创造性思维方式也就更多样化，更可能激发科技发明意识或创造出新的成果。创新思维的过程其实就是灵感与获取和处理的信息不断冲突和融合的过程。在解读、辨析、判断所获取海量信息的过程中，很容易激发灵感、顿悟，获得新观点、新想法。这是一个容易出创新成果的过程。

国外很多国家注重信息素养的培养，美国就曾提倡一切有条件的机构，要积极开展信息素养能力的培训，以适应信息时代对信息型人才的需求。可见，有创新思维的高素质人才更需具备最基本的信息素养。高校图书馆作为大学生创新思维培养的机构，不仅是提供大学生现成知识的场所，更是传授读者获取知识的方法和能力的机构。图书馆信息检索类服务的开展，利于大学生信息素养的养成和提高，这也正是创新思维形成所需要的能力。

三、学术交流对创新思维培养的积极作用

学术交流是研究探讨和论证交流学术知识的活动，允许有兴趣的人参与其中，并在活动中自由地表达自己的观点，鼓励学术之间的相互探讨。学术交流不仅是承载学术观点的容器，将学术观点集中展现，而且是不同学术观点的“孵化器”或者“振荡器”，是观点的碰撞和信息的整合，是一个不断“淘沙”、发现真理的过程。学术交流是交流和分享学术思想、观念、理论的学术活动。它营造了一种学术自由的氛围，可以针对一个话题进行畅所欲言的沟通。沟通的过程可以激发兴趣、启迪智慧、获得灵感、捕捉机遇。学术交流的这些特点为大学生创新思维的培养提供了良好的、开放的、自由的学术氛围，让他们接触了新理论、新观点，优化了知识结构，开拓了创新思维，激发了求知兴趣。学术交流对创新成果的产生有至关重要的作用。

学术交流的活动类型可分为正式交流和非正式交流。正式交流是在交流活动正式开始之前，以简洁明了的书面形式，如图书、期刊等，把自己要阐

述的主要思想、观点和理论，传递给他人，为活动中知识的交流与评价提供便利。它具有系统的知识交流程序、有权威的专家和学者参与，但其交流和互动还存在一定的滞后性。非正式交流则是直接面对面或通过网络交流知识和观点，形式自由，且不受交流场地、交流内容、交流时间和交流对象的限制。非正式交流是一种信息和知识交流和互动的形式，整个过程能让信息不断完善且不断全面，趋于准确。高校图书馆学术交流活动以非正式的交流为主。学术交流为培养和塑造大学生创新思维创造了条件：一方面，它让大学生能够及时了解学科的发展趋势，积累知识，开拓思维，激发学习的积极性；另一方面，它也让大学生有了研究方向、创作灵感等。

高校可以充分利用图书馆的有利条件，积极开展各类专家和权威的学术交流会议，在激发大学生创新思维的同时，也很可能让这些专家、学者在交流的过程中，获得解决难题的灵感和新生的研究力量，为他们的研究注入新的活力。

四、专题讲座对创新思维培养的积极作用

专题讲座的类型有很多。我国国家图书馆设有专门策划、宣传、实施讲座活动的科室，已开发10多种系列专题讲座。例如，历史文化讲座、知识讲坛、读书沙龙、经典著作系列讲座等，有些甚至形成了自己的品牌。专题讲座呈现出选题多样、知识丰富、方式多样的特点，吸引了很多人参加。高校图书馆专题讲座的类型同样丰富，也涵盖了时政、文化、法律、社会、艺术、教育、科技、技术等专业领域。在这些专题讲座里，对塑造大学生创新思维有直接作用的主要有信息检索类专题和有关创新、创新思维与科学关系的讲座。

开发有关创新思维与科学关系的讲座是为了让大学生更好地了解创新思维发生的机制、需要的条件和益处，从而吸引更多的大学生在生活和学习过程中，有意识地关注创新的基本内涵及其重要作用，促进他们创新思维能力的养成。除此之外，大学生积极参加此类讲座，会让他们深刻认识到自己参与大学学习的主要目的是提高获取知识和利用知识的能力。国外就很注重对关于创新和创造机制课程的设立和推广。

当然，高校图书馆开展的专题讲座类型有很多。例如，科普类专题讲座等。这些专题讲座有内容的知识性、专业性、全面性和新颖性。它们虽然有很强的学术性，但又通俗易懂，是大学生乐于接受的有效方式，大学生在倾听专题讲座的过程中，不仅会得到丰富的知识，还能够在浓厚的学术氛围中受到启迪，获得顿悟、灵感，吸引他们从事学术研究，为创新思维的形成和塑造创造了良好的条件。除此之外，专题讲座还为大学生创新思维的形成提供正确的思想和理论引导。

五、竞赛活动对创新思维培养的积极作用

高校图书馆竞赛活动有很强的趣味性、知识性和激励性。竞赛活动的开展让大学生自觉主动地到图书馆查找需要的文献和资料，同时吸引了众多的学生为参与、观看和支持竞赛活动来到图书馆。高校图书馆长期开展竞赛活动，大大提高了图书馆的利用程度，也传播了知识，丰富了校园文化。对于大学生来说，图书馆开展的竞赛活动既提高了他们动脑动手的积极性，也让学生在趣味活动中挖掘出某些特殊方面的潜力，为创新思维的发展做好准备。

竞赛活动激发学生的求知欲，是让他们主动追求知识的一种趣味性活动。在活动开展过程中，学生可以大胆地就自己的认知对所探讨的问题提出不同的观点和看法，也可以在别人的观点中获得灵感和顿悟，进而锻炼自己思维。灵感和顿悟有助于创新思维培养所需要的人格因素，是支撑创新思维形成的内动力。

竞赛活动自由的、开放的、共享的、尊重主体的学术氛围，让大学生意识到自己才是知识的主人，自己有能力掌控所学的知识。竞赛活动的趣味性能让大学生享受知识带来的乐趣。这种乐趣挖掘着他们的潜能，激励着他们借助各种条件展开创新思维的活动。竞赛活动的奖励性让大学生在比赛期间勇于表达自己的观点和认识，大胆质疑别人的观点，这种勇于表达、敢于批判的精神正是大学生创新思维形成所需要的人格品质。竞赛活动的开放性激发了大学生主动学习、积极创新的意识，想要在比赛中获得胜利，就要在以新制胜、以全制胜方面做好充足的准备。这就要求大学生在收集资料的过程

中，提高大脑的活跃度，找到获胜的灵感和想法。这恰恰是对大学生创新潜力的一种深度挖掘，有利于创新思维能力的形成和塑造。

竞赛活动的协作性又让大学生主动共享知识，学会互相尊重。当享受到协作研究所带来的便捷和好处时，他们在今后遇到问题的时候，就能够虚心听取他人的建议。例如，DNA分子双螺旋结构的揭示、研究与确定，就是物理学家克里克、数学家格里菲思和生物学家沃森互相合作的结晶。互相尊重、乐于共享的学习品格有利于大学生创新思维的形成。

第二节　高校图书馆文化创新

创新是时代的呼唤、现实的要求，也是高校图书馆求生存发展的必由之路，作为高校图书馆发展本源的高校图书馆文化更是需要不断创新，唯有不断创新的高校图书馆文化，才是有生命力的文化，才能保证高校图书馆在信息化社会和大信息市场的竞争中保持超前的战略、先进的技术、适应时代的高校图书馆核心价值观和精神，以及一支勇于创新的人才队伍。也唯有不断创新的高校图书馆文化，才能保证高校图书馆内部的团结和向上的工作热情、紧密的团队精神和凝聚力，从而保证高校图书馆的可持续发展。

高校图书馆文化创新，是指为了使高校图书馆的发展与环境相匹配，根据本身的性质和特点形成体现高校图书馆共同价值观的高校图书馆文化，并不断以提高高校图书馆文化绩效为目标进行高校图书馆文化的创新和发展的活动与过程。高校图书馆文化创新的实质是要重构高校图书馆文化中的精神文化，突破与高校图书馆管理实际脱节的僵化的文化理念和观点的束缚，使高校图书馆和员工的精神能量得到充分的释放和发挥，实现向贯穿于全部创新过程的新型经营管理方式的转变。人的活动是受思想理念支配的，人同其他动物以及生物的区别就在于，人是有思想的，行为都应当是合理的。如果想要人的行为都具有合理性，就要从思想层面上进行建设。面对日益深化、日益激烈的国内外信息市场竞争环境，越来越多的高校图书馆不仅从思想上认识到创新是高校图书馆文化建设的灵魂，是不断提高高校图书馆竞争力的关键，而且逐步深入地把创新理念贯彻到高校图书馆文化建设的各个层面，落实到高校图书馆经营管理的实践中。

高校图书馆既是历史文化的遗存地，也是未来文化的创造地。在历史的发展中，高校图书馆也往往成为促进历史和社会进步的文化场所。高校图书馆是人类文明发展到一定阶段的产物，它通过自己的运行机制，将图书荷载的社会意识、价值取向和科学理性思维根植于每个读者心中，变成一种精神力量，实现对每一个人的文化塑造。因此说高校图书馆对人的作用本身就是文化绩效在人的思想层面发生作用，继而影响人的行为的过程。

一、创新高校图书馆文化价值观念

在高校图书馆中，信息资源是基础，人力资源是本体，而文化是灵魂，价值观念是高校图书馆文化的核心，是高校图书馆一切活动的灵魂，它为高校图书馆生存和发展提供了基本方向和行动指南，这样既能影响和规范人的行为，协调人际关系，增强凝聚力，培育团队精神，又能统一思想，形成共识，引导馆员走向共同的目标。所以，高校图书馆文化创新的根本就是要大力培植先进的高校图书馆价值观。

当前高校图书馆的先进价值观包括以下几个方面。

（一）科学的发展观念

坚持科学的发展观念，是高校图书馆文化建设得以全面、协调、可持续发展的根本保障，要从广大信息用户的根本利益出发谋发展、促发展，切实保证用户权益，最大限度地满足用户需要；要从国情和“馆情”出发，以高校图书馆传统文化为基础，在继承和创新中不断发展高校图书馆文化；要促进高校图书馆与用户的和谐关系，倡导高校图书馆与用户共同构建创新型高校图书馆文化。

（二）高校图书馆大文化观念

高校图书馆文化建设关乎高校图书馆整体的全局性利益。当前，我国各高校图书馆之间合作甚少，造成资源浪费和重复建设等现象。要确立高校图书馆联盟意识，以有利于高校图书馆文化建设的共同利益和整体发展为共同原则，搞好分工协作，搞好高校图书馆界大联合、大整合，形成高校图书馆联盟。

（三）人本观念

高校图书馆的一切活动都是围绕着人而开展的，坚持以人为本，就是要搞好高校图书馆的人才建设和用户服务工作，搞好馆内人才管理，激励人才积极性，培养一批敢想敢干、敢于创新而又懂得现代高校图书馆文化的优秀人才，全心全意把用户服务工作做好。

（四）“用户第一、服务至上”的高校图书馆价值观念

这是高校图书馆公认的价值观，是高校图书馆赖以生存和发展的根本保障，是高校图书馆组织一切活动的总原则。它意味着高校图书馆必须以用户为导向，把满足用户的多层次需求视为高校图书馆的最终目标。

（五）不断创新的高校图书馆价值观

高校图书馆具有创新文化的社会功能。一方面高校图书馆本身具有对文化更新、创造的作用；另一方面高校图书馆工作通过对文化的积淀、传播和优化促进文化的更新、创造，形成新的知识和新的发明，促进社会进步和发展。高校图书馆充当的是知识交流中介的作用，它通过文献的传递与利用，实现知识的输入、储存和输出，将知识的生产者和知识的利用者联系起来，在用户消化、吸收了高校图书馆所提供的文献知识，并将它运用于生产后，把知识转化为新的生产力。新的生产力继而推动科学文化的进步，并在更高层次上促进人类知识的充实、创造新的知识。正是如此地循环反复，人类知识才不断完善、更新，社会文化才随之不断地发展变化。不断创新的高校图书馆价值观为高校图书馆文化创新提供了肥沃的土壤。

（六）办馆效益观念

高校图书馆虽属政府拨款的社会公益性机构，但也必须讲究投入产出，争取实现经费、设施和人员的最佳效益。高校图书馆的办馆效益主要是社会效益，而衡量社会效益大小的标准主要是文化信息收集与传播的数量和质量、广大用户的满意程度、高校图书馆在社会上的公信度及社会形象等。

二、创新高校图书馆文化精神

高校图书馆文化精神是高校图书馆中占主导地位的管理意识，能够规范高校图书馆领导及馆内工作人员的具体行为，使馆内工作人员在实际的服务

工作中达成共识，从而大大提高为用户服务的效果和效率。因此，高校图书馆文化精神对馆内工作人员行为具有导向和规范作用。高校图书馆文化精神的导向和规范作用在制约人的行为时具有深厚的感情色彩，因为这种作用可以通过规章制度、工作标准和工作目标等硬性管理手段加以实现，也可以通过群体氛围、传统习惯和舆论引导来实现。馆内工作人员如果做出违反高校图书馆文化精神的事，就会受到制度惩罚、舆论谴责，本人也会感到内疚，产生情感压力，进而进行自我调节，修正自己的行为。高校图书馆文化精神是一种理性的黏合剂，它把馆内员工固定在同一信念目标上，以其大量微妙的方式沟通所有工作人员的思想，创造一个共同协作的环境，把馆内各种力量汇聚到一个共同的方向，使高校图书馆整体产生强大的前进动力，最终使高校图书馆文化精神得以弘扬。

高校图书馆文化精神从确定到弘扬，需要一个“认同—服从—内化”的过程。认同是高校图书馆全体工作人员对高校图书馆文化精神有了某种认识，有了某些自觉成分，但认识与自觉的程度往往不深，在行动上往往有反复。服从只能使高校图书馆全体工作人员的观念和行为趋向于高校图书馆精神所要求的意识行为，带有较明显的强制性。而只有内化，才能使高校图书馆全体工作人员具有与高校图书馆精神情感一体的认识行为，自觉而主动地发挥高校图书馆文化精神，做到自己管理自己、自己控制自己。要较好地完成这一过程，高校图书馆就必须注意不断创新高校图书馆文化精神，使高校图书馆文化精神具有时代特色，更能为广大馆员所接受，得到广大员工的认同，使他们自觉服从，并内化为自觉遵守的行为准则。我国高校图书馆文化建设的创新和发展特别需要一种高校图书馆精神。这种精神就是敬业爱业、忠于职守的态度，敢于创新、开拓进取的坚定志向，不怕困难、攀登高峰的勇气和自强不息、无私奉献的高风亮节。

三、创新高校图书馆文化环境

高校图书馆文化环境创新包括以下几个方面。

（一）事业发展模式创新

社会化是信息化社会高校图书馆事业的发展模式，高校图书馆的社会化包括办馆方式、管理方式和服务方式三个方面。信息是一种财富，高校图书馆收集、整理文献，对原始文献进行信息加工，这是一项复杂的脑力劳动，有其自身的价值存在。在当前的市场经济条件下，只有采取“事业”与“产业”有机结合的运作模式，打造自身服务特色，才能创造出最佳的社会效益和经济效益。在管理方式上要突破传统的部门管理和层次分明的管理体制，实施以用户的需求以及自身的发展为目标，实现信息共享一体化。目前高校图书馆界，特别是公共高校图书馆界正在加速这种社会化进程。

（二）高校图书馆建筑文化创新

信息时代高校图书馆的建筑强调功能，注重实用，突出建筑风格和文化品位，实现纸质文献、多媒体实体文献和虚拟馆藏兼容并存，体现人本精神和开放观念。进入信息化社会，许多高校图书馆的旧建筑功能已不能满足新技术的需求，各地开始纷纷建立新的高校图书馆，新的高校图书馆建筑对新技术应用的考虑应该放在第一位，但高校图书馆的最终目的是让用户来使用的，所以应当围绕着人来建设高校图书馆建筑文化，创造有利于工作人员工作、有利于管理人员管理、有利于用户阅览和获取信息的内外优美环境。现在的很多高校图书馆在建设时都充分考虑了绿化、减少污染、室内网线布设、用户休息空间等人性化的布置，有的高校图书馆甚至还考虑将雨水废水回收利用等，充分体现了低碳社会的要求。

（三）高校图书馆结构创新

高校图书馆结构主要由组织结构、内部基本制度结构组成。组织结构创新：高校图书馆的组织结构中有不适合信息时代要求的成分存在，这不利于高校图书馆文化建设。新时期，很多高校图书馆对自身进行重新定位，确定新时期的新任务、新目标，从实际出发，制订合理的创新方案。这些创新方案尽量减少管理层次和中间环节，缩小部门界限，保障组织结构的集成化、智能化和灵活性，符合信息化时代对组织结构的要求。内部基本制度结构创新：高校图书馆为了应对信息时代和高校图书馆文化创新建设的挑战，必须重新整合我们的基本制度，创建一种有利于吸收人才、有利于知识创新、服务创新的新制度，新制度必须实行真正的而不是形式上的以目标、责任、能力为基础的工作岗位责任制，以及以工作态度、工作时间、完成任务的数量和质量为主要标准的绩效评价和奖罚制度。在人力资源管理上，实行能者上、庸者下，以及人性化、个性化管理，让每位馆员都有实现自身价值的满足感，建立一支年龄、学历、职称配置合理的人才队伍。

（四）业务建设和技术创新

在新信息时代，面对用户信息需求的多样化和个性化，原有的业务建设已不能满足用户的需求，要进行业务创新和技术创新。业务创新就是对原有的业务内容进行调整，或逐步淘汰，或推陈出新，不断创造新的业务生长点，不断提升新的业务运作手段。技术创新就是建立多媒体高校图书馆，通过多媒体电脑，控制一系列多媒体设备，对各种文字、图形、图像、声音、视频等信息媒体进行处理、传递、存取，为用户创建图文并茂、音响逼真、色彩自然的高级视听环境。技术创新还可以让高校图书馆利用新技术深层开发用户所需的信息资源，满足用户的个性化需求。

（五）学术研究创新

高校图书馆文化建设在创新和发展过程中，必然面临着许多新矛盾和新问题，迫切需要开展高校图书馆文化建设的新理论、新方法、新政策和现代化等课题的全面研究，必须充分利用各种资源，通过多种途径搞好学术研究创新工作，如定期或不定期召开学术会议，鼓励在职人员攻读硕士、博士学位，组织系统研究高校图书馆创新文化建设的重大理论课题和科学技术课题等。

四、创新高校图书馆形象

要充分发挥高校图书馆文化的综合效应，必须高度重视高校图书馆“造型”，着手于形象创新。高校图书馆形象是高校图书馆文化精神的重要内容，是高校图书馆的无形财富和宝贵资源。它是高校图书馆文化精神的外显形态，既是高校图书馆文化精神的组成部分，又是高校图书馆文化精神的载体。从客观上讲，它反映的是高校图书馆自身的特征和状况，是一种存在；从主观上讲，它反映的是广大读者对高校图书馆的认识和评价，是一种观念意识。高校图书馆要把塑造良好的高校图书馆形象作为高校图书馆服务的目标和对外宣传的目标，高校图书馆形象是由其环境、馆藏资源、服务方式、服务效果、公共关系以及管理人员、工作人员等具体因素构成的，因此是具体的，是可以进行分步骤、分阶段创新的。创新可以将理念识别系统、行为识别系统和视觉识别系统整合成一个系统，进一步导入以用户满意为核心的战略，形成一个立意更高、内涵更丰富、形象更具体的CIS战略体系。创新塑造出来的良好高校图书馆形象，可以将高校图书馆信息资源、人力资源和文化资源三者融为一体，紧密联系，对高校图书馆事业的发展形成新的推动力。

五、创新高校图书馆文化管理

要提高高校图书馆文化建设的有效性，必须从中国的国情和高校图书馆的性质、特点出发，将高校图书馆文化建设和具体管理相结合，力求实现管理创新。我们说高校图书馆文化是一种新的管理方式，但是不把它与高校图书馆的发展战略、内部管理和具体的服务内容有机地结合起来，文化只能是一种抽象的概念，高校图书馆文化只能成为一句空喊的口号或者贴在墙上的“宗旨”。将高校图书馆文化的创新与高校图书馆管理的创新统一于高校图书馆的再造工程，从“抓高校图书馆文化建设就是抓高校图书馆管理的提升”的角度认识高校图书馆文化建设，努力挖掘高校图书馆管理中的文化潜力，促使文化观念转化为管理实践，转化为管理制度和工作中的操作程序，增强管理中的“文化含量”，通过管理创新使高校图书馆文化与高校图书馆管理成为一个有机的体系。高校图书馆文化建设包括高校图书馆文化的目标管理、过程管理和成果管理三个阶段，这三个阶段没有明显的区分界限，可能会在一个不断地树立目标，进行过程管理和成果检验的动态的过程中，通过对高校图书馆文化管理的创新，开拓出高校图书馆文化的新功能，创造出高校图书馆文化的新效应，保持高校图书馆文化建设与管理的整合，将刚性的管理制度和柔性的文化导向有机地融为一体，使“制度育人”和“文化育人”在高校图书馆文化创新的实践中互相交融。

六、创新高校图书馆文化建设方法

要激发高校图书馆文化建设的活力，就必须创新高校图书馆文化建设的方法和手段。中国的改革开放在各个方面都取得显著成果，对人思想观念的影响也非常大，过去的一些强制性的、古板的做事方法在管理中已不能起到很好的调适作用，说话做事得讲求技巧和艺术，得有吸引人眼球的东西来进行高校图书馆文化建设。

如要改变“单一形式、单一渠道”的格局，摒弃旧的被时代淘汰的方法，就要根据中国先进文化的发展趋势和高校图书馆文化的内容，创造出健康向上、丰富多彩、小型多样、让员工们喜闻乐见的新形式、新方法，以满足不同层次员工文化生活的需要。从成功的企业文化建设实践中，我们可以借鉴一些颇有成效的好方法。如疏导启迪法、情理交融法、典型示范法、形象养育法、员工联谊法等。通过这些方法，使高校图书馆员工形成并获得方向感、信任感、成就感、温暖感、舒适感与实惠感，促进高校图书馆内部员工之间的相互沟通、相互理解、相互信任、相互尊重，共同营造一种良性的高校图书馆内部人际关系。

七、营造高校图书馆学习氛围

优秀的高校图书馆文化倡导终身学习，将学习作为丰富发展文化的基本条件。因此学习型组织与高校图书馆文化是密切相关的，在知识经济已经成为潮流的当今时代，人类知识总量是成百倍、成千倍增长的，一个人在学校里学到的东西只能占到走入社会所需要知识的10%左右，还有90%需要在职场上通过再教育和再学习来实现。“学习、学习、再学习”，是知识经济时代人们不被社会淘汰的座右铭。“活到老，学到老”不再是一句口号，而是一件实实在在的事，学得越多，就越能了解自己的无知。因而，一个人不能保持永恒的卓越，只有不断地学习，才能拥有旺盛的生命力。

高校图书馆组织学习就是高校图书馆形成一定的体制来鼓励个人学习及其学习行动，将个体学习与高校图书馆整体行动有机地结合起来，营造一个良好的学习氛围来提升个体学习的热情，开展高校图书馆培训活动来帮助个体学习等。学习型高校图书馆可以在一定程度上丰富和发展高校图书馆文化，因此，要实现高校图书馆文化的创新，必须将目标定位于建立学习型高校图书馆上。要转变传统的思维模式和管理模式，实现由原来的“制度+控制使人勤奋工作”向“学习+激励使人创造性地工作”转变。根据学习型高校图书馆的模式组织创新高校图书馆服务，通过建立共同愿景和改善思维模式的修炼，使高校图书馆馆员的个人价值和高校图书馆的目标、价值整合在一起，以促进馆员思维方式的转变，提升高校图书馆文化。再通过系统的提炼和推广，使高校图书馆文化建设的新成果不断渗透到高校图书馆所提供的各种信息和产品中，以发挥高校图书馆文化建设的综合效应。创建学习型高校图书馆作为高校图书馆文化创新的新目标，将使高校图书馆建设进入可持续发展的轨道。

八、创新高校图书馆文化机制

新型高校图书馆文化体系的基本模式就是要确立多维文化观和综合发展机制。现代高校图书馆要建立“全方位开放式、高效率为社会各界提供优质信息服务”的高校图书馆文化系统，以现代高校图书馆价值观念的塑造和培育为核心，以由表及里的现代高校图书馆物质文化、行为文化、制度文化和精神文化建设为内容结构，使彼此之间有机结合、互为条件、互为目的形成一个古今融合、中外互补和以改革求发展的具有创新功能的充满活力的高校图书馆文化发展机制。

要保证这种高校图书馆文化机制的生机和活力，就必须在继承优良传统的基础上进行创新，不断地优化和完善这种机制。创新高校图书馆文化机制，可以按以下步骤来进行。

（一）领导机制的创新

研究证明，许多因素都影响着高校图书馆文化的构建、传播和变革，如社会文化、信息技术、信息市场、市场竞争、员工个性、员工价值观、领导等，其中领导是最重要的影响因素。高校图书馆文化是高校图书馆领导所倡导的，是通过开展一系列的文化活动及建立相应的规章制度所形成的结果。当一种高校图书馆文化形成时，它反映了高校图书馆成员的动机和想象，随后建立起来的有关制度和工作程序，提供了这个高校图书馆获得成功所必不可少的行为方式。但是，这种文化是以创建时的条件为基础的，随着高校图书馆的发展和外部环境的变化，原有的高校图书馆文化就可能会与新形势的需要不相适应。这时，领导者就要及时地予以调整和完善，但由于价值观念的更新是一个艰难的过程，而且需要很长的时间，因此，要尽量避免完全重建，最好是逐步发展和完善。总之领导者要积极推动变革，因此要形成有利于落实第一责任人和其他领导各负其责的领导机制。

（二）制度机制的创新

高校图书馆文化制度化，在现实中包含两层含义，第一层含义，就是指高校图书馆文化必须要充分体现在高校图书馆的制度安排和战略选择中，也就是说高校图书馆文化运行要有指导作用。因此，要使高校图书馆文化能够真正形成，就必须把高校图书馆文化制度化，使人的价值理念充分体现在高校图书馆的现实运行过程中，形成一种制度，使高校图书馆文化渗透于高校图书馆制度安排和战略选择中。第二层含义，就是指高校图书馆文化作为高校图书馆倡导的价值理念，必须通过制度的方式来统率员工的思想，任何一个员工都必须在思想上接受高校图书馆文化，服务于本馆的高校图书馆文化，积极建设本馆高校图书馆文化。因此，要以创新文化作为制度文化的重要思想保障，把高校图书馆文化建设纳入领导干部的政绩考核中，建设和形成有利于“两手抓，两手都要硬”的方针制度，有利于高校图书馆文化建设从软指标上升到硬任务，有利于实现高校图书馆文化的可操作性，有利于高校图书馆文化引入高校图书馆管理体系的制度机制，让制度得到员工的心理认同，从而上升为文化。

（三）评价机制的创新

高校图书馆文化建设进行得有没有成效，得有一套科学的评价机制。因为高校图书馆文化更多的是人们思想意识方面的行为，评价的标准不太好确定，如果没有一个有效的评价机制，高校图书馆文化可能会成为一句空洞的口号，因此要建设和形成有利于克服形式主义，有利于客观公正地评估高校图书馆文化总体成效和考核高校图书馆文化工作者业绩的评价机制，这种机制的指标体系应当是可扩展的，能与时俱进，以免不利于高校图书馆文化创新。

（四）保障机制的创新

高校图书馆文化提倡柔性管理的原则，柔性管理的本质是依据人们心理和行为的规律，运用柔性管理的原理对管理对象施加软控制。更多的是运用说服教育、感情投入、关心体贴、形象影响、传统舆论、激励、心理沟通等方式对人进行管理。因此必须建立一个强有力的保障机制，要建设和形成一个有利于高校图书馆文化从组织机构上得到保障，从人力、物力和财力上得到保证，从管理制度上得到保证的保障机制。

第三节　生态文化与高校图书馆创新文化

如今，人类已进入一个追求“可持续发展”和建立“生态文化”的时代。所谓生态文化，是指人类在实践活动中保护生态环境、追求生态平衡的一切活动及其成果。生态文化是从人统治自然的文化过渡到人与自然和谐发展的文化。这是人的价值观念从根本上的转变，这种转变决定了人类的价值取向由以人为中心转向人与自然和谐发展。生态文化重要的特点在于用生态学的基本观点去观察现实事物，处理现实问题，运用科学的态度去认识生态学的研究途径和基本观点，建立科学的生态思维理论。通过认识和实践，形成经济学和生态学相结合的生态化理论。生态化理论的形成，使人们在现实生活中逐步增加生态保护的色彩。生态科学理论已渗透到现代社会经济各个领域。因此高校图书馆也开始研究运用生态学原理，探索高校图书馆文化生态化的新路子。生态化的高校图书馆创新文化，有助于促进高校图书馆的可持续发展。

一、生态文化是人类发展的新阶段

人类经历了三种不同的发展阶段，并表现出了三种不同的形态：绝对的以自然为中心的“原始文化”、绝对的以人为中心的“人本文化”和追求人与自然协调发展的“生态文化”。人类之所以需要创建新的生态文化，缘于工业文化所造成的日益加深的全球性生态危机。人类活动所引发的各种自然灾害和生态灾难，使人们越来越清醒地认识到：人类如果不彻底改变征服自然的态度，不改变以牺牲生态环境来开发自然的生产方式，不改变奢侈浪费的生活方式，不改变损害生态环境的社会制度和不公正的国际关系体制，就不可能长期有效地阻止地球生态的失衡，人类最终也会由于不适应生态环境而毁灭。人类已经意识到自己的行为损害了人与自然的和谐，为了解决以上那些问题，弥补自己的过失，人类在发展进程中开始尝试一些生态化的实践运动，通过这些实践，人类正在力图建构一种新的文化形态，即生态文化。实践证实这确实是一种睿智的做法。因为，只有当绝大多数社会都建立起了生态文明的社会，地球生物圈的健康和安全才能得到真正恢复，人类的生存才能得以长期持续。

生态文化是一种人与自然协调持续发展的新型文化，是人类从古到今认识和探索自然界的高级形式体现，它代表了人与自然环境关系演进的潮流。它与传统的人本文化有着本质的区别，是对传统的人本文化的一种变革和扬弃。其与传统文化的本质区别，体现在不同的价值观上。生态文化作为人类新的文化选择，其价值观发生了转变，它抛弃了人本主义的“以人类为中心”的价值尺度，从人统治自然的文化转向尊重自然和人与自然和谐发展的文化，目标是形成“人—社会—自然”和谐发展的复合式生态系统。

人类思维方式的革命必然引发人类行为的变革，整体的生态学思维将代替机械论的分析思维，生态学思维会让每一个社会成员的生态文化教养贯彻到建设生态文明的具体生活行为中。

二、高校图书馆生态文化是高校图书馆的创新文化

生态文化已经突破了单纯的环境科学扩展到了人类学、社会学以至整个人文社会科学，渗透进人们生活的方方面面。它反映了一个事实：全新的生态化社会正在形成，高校图书馆作为社会大系统的子系统，必然也存在自身的生态文化。从20世纪50年代开始，传统工业化发展模式的弊端逐步显现出来，全球性环境问题日渐突出，人们开始重新审视自己的行为，对人与自然、人与人之间的关系开始挖掘更深层次的认识。人们开始从生态文化的视角思考问题，人类文化逐步由科学文化向生态文化转化。传统的思想观念也相应发生了一系列变革，人们开始遵循“多价值管理”的途径，形成新的可持续发展观。在人类新文化的发展中，人类的社会实践应当既对人类有利，也对自然界有利，这便是可持续发展观。从一定意义上说，可持续发展即为人的生存与发展的文化战略，可持续发展观实际上是一项包括经济可持续发展、社会可持续发展、生态可持续发展的系统性的、整体结构性的发展观。

就其精神文化实质而言，这种系统性发展观又具体表现为物质文明、精神文明和生态文明三个文明在内的协调建设与整体性推进上。

可持续发展观的形成、人类文化对生态文明的追求等，必将引发人们资源观念的变革。高校图书馆是文化的产物，其发生、发展是受社会经济、政治影响的，是人类古代为保存文献、传播知识，到了现代为整合和传播信息而建立起来的文化机构。高校图书馆文化是高校图书馆管理运作的机制，是运作过程中所形成的精神、制度和服务形象。高校图书馆生态文化系统强调一定程度的自组织性和人的主体性，注重和谐与整合，使信息服务与环境作为一个交互作用的网状立体系统。

（一）高校图书馆生态文化改革了高校图书馆的信息观

传统的科学影响着人们的思维，自然也会影响着人们获取信息的思想、方法和手段。信息是描述事物的动态概念，从物质世界与物质领域来看，信息是无始无终的，是可以识别、转换、超空间传递、共享的；从哲学的本质上看，信息是物质和精神发生关系的中间介质。传统的高校图书馆对信息的处理和传送具有明显的机械论色彩，馆员往往根据自己的喜好或偏爱首先确定哪些信息是正面的，哪些信息是负面的，而在传播的过程中有意识地引导用户，这对用户正确使用高校图书馆，在海量的信息中快速高效地找到自己所需信息起到了很好的引导作用。但同时，这种行为也使用户难以体会到前辈对知识的发现与探索过程，不能较全面地了解文化和科学思想的反复上升式的发展过程，以及各学科之间横向交织的广泛联系，缺少一个对知识整体网络结构的把握。为了克服这种机械论的信息观，高校图书馆应树立与生态文化相适应的信息观。生态文化认为，人类生态系统是一种富有弹性和代谢性的有机整体，它以整体的方式不断调节着其内部的运行机制及同环境的相互关系，并保持着一种动态的、相对的平衡，承载着人类社会向前发展的重任。生态系统是一个浑然一体的体系，其中的知识和信息都是系统中的必要组成部分，因此生态化下的信息观应当把信息看作是网状的，而不是孤立的系统，信息系统是由多种交互作用的要素组成的，观察者、学习者处于这一网络之中而非网络之外，高校图书馆馆员也处于网络之中，引导观察者和学习者找到正确的路径，将知者与需知者交织在一起，在这一过程中，馆员们应遵循客观性的原则。尽管这些客观性因素被赋予了某种主观意义，但是比起机械论来，这些主观因素已经对受信者的学习无碍。

生态化信息观是在传统信息观的基础上，增加了以信息促进社会、经济、环境全面进步与协调发展的内涵，是人类站在可持续发展的战略高度对信息内涵的揭示。可持续发展的信息观要求我们改变传统的生产方式和消费方式，要求我们在生产中少投入、多产出，在消费中多利用、少排放，纠正那种靠高消耗、高投入、高污染和高消费带动和刺激单纯经济增长与物质财富积累的发展模式。可持续发展的信息观建立在人类与自然平等的基础之上，使得人类的发展与自然的进化在一种制衡关系中相互促进，共同发展。在这样一个平等、有序、高效的大环境中，高校图书馆事业必将得到持续发展。

（二）高校图书馆生态文化旨在营造和谐的文化氛围

现代生态学追求人与自然的和谐共建，着眼于解决环境、资源、发展问题，目的在于通过生态环境的优化，使资源得到充分利用，实现最大的生态功能。高校图书馆源于文化、惠及文化，在发展过程中又形成了自己的文化，这些文化特色，塑造着高校图书馆的形象，推动着高校图书馆的发展。而且这些文化特色就是高校图书馆的文化氛围，如果弥漫于整个高校图书馆的文化氛围为多数人所认同是和谐的、健康向上的，那么生活、学习在这一文化共同体中的个体，将受益无穷。

高校图书馆的文化氛围是与社会文化密切相关的，它与社会文化的关系是一个双向交流的过程，一定时期的高校图书馆文化，总是借鉴了历史和现实社会大系统的各种成果，高校图书馆文化是从属于社会文化的一种“亚文化”，当社会文化发生变革时，作为亚文化的高校图书馆文化也必然从这种变革中汲取新的元素。21世纪的社会大文化是追求生态文明的文化，高校图书馆应从可持续发展的角度，顺应知识经济时代的要求，营造和谐的文化氛围，追求人与自然和谐共处的目标。从生态文化的角度来看，高校图书馆应建立“绿色”人际关系，即人与人相互关心、和谐合作、协同进步的生态环境。在高校图书馆环境建设中，无论是馆址，还是高校图书馆的场地建设，都首先遵从“一切以人的健康”为中心思想，朝着最有利于用户和馆员健康及最有利于人类生态环境保护的方向努力，这也是可持续发展思想在高校图书馆环境中的深刻体现。高校图书馆设备中的“生态文化”，主要表现在高校图书馆设备的材料和能源消耗方面，既不污染环境，也不过度地消耗能源。如高校图书馆采用节能的照明设施，书架等设备采用环保材料，尽量不采用人工通风、人工照明等。跨世纪的中国建立了许多绿色的、生态的高校图书馆，尤其是在经济发达地区，如北京、浙江、广东、江苏等省、直辖市。成功的高校图书馆最大秘密就是有一种积极向上的精神，在现阶段，这种精神就是可持续发展的生态文化观，只有具有了这种积极向上、与时俱进的精神，高校图书馆的一切才变得有了生气，成为积极的发展因素。可以说为高校图书馆提供和谐的物质和精神文化氛围，是21世纪高校图书馆的发展趋势。

（三）高校图书馆生态文化致力于构建良好的学术生态

与人类文化同步发展的高校图书馆，在保存、积累、传递人类智慧方面具有独特的地位和作用，对现代文化的繁荣与发展，更具有直接的影响力和广泛的作用。可以说，现代社会的每一次进步，都是与高校图书馆紧密相连的。高校图书馆虽说是储存知识的宝库，但是它不是一般意义上的仓库，它具有学术性，高校图书馆的学术性在经典的高校图书馆基本理论教材上都有论述。高校图书馆是开展科学研究工作的据点，是为科学研究提供文献资料的基地，高校图书馆工作本身就是一项具有科学研究性质的工作。高校图书馆是整个科学研究系统中的一个子系统，高校图书馆工作本身就是一种学术活动，高校图书馆的工作人员，有很大一部分是属于科技人员。高校图书馆生态文化应该致力于营造良好的学术生态，从而促进社会的可持续发展。

高校图书馆的学术生态建设应秉承学术自由的理念，学术自由是高校图书馆生态中核心的生态因子，因为自由的学术氛围是孕育自然科学与社会科学创新思维的土壤。没有学术自由，就不会有学术创新。21世纪的高校图书馆生态文化建设就是要建立一个富于自由精神的学术殿堂，为创新人才的脱颖而出，为学术大师的涌现提供无限的发展空间。

（四）高校图书馆生态文化要加大对社会的辐射力度

高校图书馆对社会辐射的功能是其主要社会功能之一。高校图书馆是社会整体系统中的一个子系统，它以其丰富的内涵和优质的服务向社会辐射着丰富的知识和高尚的精神。而且伴随着网络与信息技术的发展，高校图书馆的辐射力在不断加强，数字高校图书馆的出现，以及与互联网实现连接本身也代表着高校图书馆走向了社会，实现了对社会的开放，而这种开放是高校图书馆加强社会辐射力的前提。高校图书馆从社会的边缘走向社会的中心，成为推动社会全面进步的重要力量。

高校图书馆生态文化改变了人们的信息观，要创建一个和谐发展的高校图书馆文化氛围，建立一个健康的学术生态环境，就一定要加大高校图书馆对社会的辐射力度，这是高校图书馆生态文化中创新特质的要求。高校图书馆生态文化一旦形成，不仅会在高校图书馆内部发挥作用，通过对本单位员工产生行动影响，为高校图书馆创新发展营造出一个良好的内部生态环境，而且也会通过各种渠道对社会产生影响，为高校图书馆的创新发展创造宽松的外部生态环境。这样，高校图书馆生态文化就会渗透到社会公众的精神世界，使高校图书馆的创新文化得到社会的认可。而高校图书馆文化作为整个社会文化的有机组成部分，其创新也影响着社会文化的发展，高校图书馆的创新精神也会赋予社会文化以创新特质。因此，高校图书馆不仅要达到内部的生态文化平衡，还应促进外部生态环境的优化，提高高校图书馆对社会的辐射力度。

第五章　高校图书馆阅读文化与阅读推广

第一节　高校图书馆阅读文化

一、高校图书馆阅读文化概述

（一）高校图书馆阅读文化概念

在对阅读文化的研究中，学术界关注到图书馆这一传播媒介。阅读文化总是在一定的社会背景之下，由特定阅读主体的阅读行为所构成。图书馆是高校的文献信息资源中心，是广大师生学习和科研的重要阵地。

图书馆阅读文化就是图书馆通过提供读者服务，令读者接受更多的知识，从而提升自身文化水平和技能。

高校图书馆阅读文化是在大学校园图书馆这一生态环境下，由高校师生、馆员在长期的教学、科研、工作和学习过程中，以及在图书馆阅读中共同创造和形成的阅读观念、阅读价值、阅读环境等精神财富以及承载这些精神财富的阅读制度、阅读行为方式及习惯和物质形态。高校图书馆阅读文化的内容应包括以下三个方面：一是图书馆物质形态，包括图书馆建筑、图书馆馆藏、阅读环境以及阅读制度和规范；二是图书馆阅读价值观念及理论，即学校成员包括馆员在内所共享的阅读观、阅读理论以及阅读习惯和阅读方式；三是图书馆阅读文化活动，具体表现为讲座活动、讨论活动及实践活动。

高校图书馆的阅读文化建设就是高校师生在图书馆的长期的历史发展中为维护图书馆阅读文化的形成、健康持久的发展所共同创造的文化成果，并加以传承和创新，以营造良好的阅读氛围，提高阅读效果，促进高校图书馆阅读和国民阅读事业发展所采取的一系列措施和行为等。[①]

（二）高校图书馆阅读文化的重要性

1. 有利于形成与社会主义现代化相一致的价值观

价值观是指人们在对周围事物能否满足个人或社会某种需要进行评判时所持的观点。大学生价值观的形成过程，主要是在社会实践中把对周围事物的认识和看法内化为自我价值的过程。图书馆存在于一定的社会关系之中，因此，高校图书馆阅读文化必然是一定时期的时代风貌和时代精神在图书馆中的体现，必然在一定程度上反映了时代要求和时代特征。高校图书馆阅读文化作为思想政治教育的重要载体，就要充分发挥其育人功能，引导大学生树立符合时代要求的价值观。

一方面，从文化的价值导向看，图书馆阅读文化是通过一定的精神文化、环境氛围、制度约束和网络环境使大学生在思想观念、行为方式、心理素质、价值取向等方面对当今社会的文化价值产生认同，从而实现对大学生心灵、人格的塑造。

另一方面，高校图书馆阅读文化的核心与灵魂是图书馆精神，而图书馆精神中最深层的就是师生共同认同的价值观，在图书馆这一特定的环境里和其潜移默化的作用下，高校图书馆阅读文化就成为大学生的一个“风向标”，它所肯定的行为、事物，必定为大多数学生所接受、推崇；它所否定的行为、事物，必定为大多数学生所鄙弃、批判。高校图书馆阅读文化的这种导向功能，能在图书馆内形成正确的价值导向和舆论导向，并对学生产生持久的影响，使学生在高校图书馆阅读文化的熏陶、感染下，形成与社会主义现代化相一致的价值观。

2. 有利于激发大学生的爱国主义和集体主义热情

首先，面对科技信息时代的挑战，高校图书馆文化在对学生进行素质教育时坚持四项基本原则，努力宣传党在新时期的各项方针、政策，初步掌握理论框架和辩证唯物主义思维方式。其次，图书馆的走廊、过道等处设立有板报栏、橱窗栏，大厅里悬挂了科学家、政治家、爱国主义者的肖像、名言、名人字画、箴言警句等，通过大厅里的滚动屏幕发布各种最新的消息，

①黄瑾一．高校图书馆阅读文化建设研究[J]．内蒙古科技与经济，2023（2）：143-145.

引导青年学生思考和学习，使学生理解并热爱中华民族的优秀传统文化。最后，高校图书馆积极配合社会主义、爱国主义和集体主义的宣传教育活动，加强对这方面的优秀图书的推荐、宣传，并通过开展“新书通报”“新书、热门书推荐”等各种形式的活动，充分发挥高校图书馆阅读文化的教育功能，引导学生爱读书、读好书，提高大学生的文化品位和素养。激励学生认真学习各方面的知识技能，调动学生的学习积极性和创造性。

优秀的图书馆阅读文化，能影响学生的世界观、人生观、价值观的形成，使学生终生难忘、受益无穷；良好的思想道德教育，能够使学生在不知不觉中培养敏锐的观察力和准确的判断力，分清善恶、是非、美丑，在潜移默化中形成良好的品德；健康文明的图书馆文化熏陶，可以培养学生高尚的道德情操，使其具有远大的理想、炽热的爱国主义热情和高度的社会责任感与使命感。

3. 有利于高校图书馆导读作用的发挥

阅读指导反映的是图书馆教育的一个过程，这个过程就是在了解读者的爱好和要求的基础上，通过积极地宣传和推荐图书的方式有目的、有计划地影响读者的阅读，影响他们对书籍的选择和领会。

高校图书馆是学校的文献信息资源集散中心，广大的师生是图书馆的主要用户。导读始终是图书馆工作的重点，大学生已经具备了一定的阅读能力和良好的思维习惯，但是，高校学生的阅读情况不容乐观，很多学生很少甚至没有去过图书馆。高校图书馆阅读文化的建设，可以营造良好的阅读氛围。广大师生所共同创造的阅读文化，是以阅读这一特定的文化活动为核心形成的人们共同认可的价值观念和行为等的文化现象，这就要求在这个特定范围内的人们共同遵守，人们在阅读时会受到这一文化的影响，同时，又在这一文化的影响下进行阅读，进而享受阅读。反之，高校图书馆就会丧失阅读的魅力，也会失去读者或者用户。优秀的文化造就优秀的民族，良好的阅读文化则必然会推动高校图书馆阅读活动，更好地实现其阅读的导向作用，为更多师生服务。

4. 有利于校园文化的建设

（1）先进的高校图书馆阅读文化对广大师生有熏陶作用

图书馆是学校机构中不可分割的一部分，是广大师生学习的第二课堂。

人创造环境，环境也会影响人。优良的高校图书馆阅读文化就是依靠广大师生的自觉意识连同集体组织的力量和舆论对学生的阅读思想行为产生诱导和影响，促使广大师生形成良好的阅读观念和阅读习惯，从而形成校园良好的读书风气，这就体现了先进高校图书馆阅读文化的熏陶功能。

（2）良好的阅读文化对大学生有激励作用

高校图书馆是优秀校园文化产生和得以维持的主要阵地。高校图书馆阅读文化的核心是要创造出共同的价值观念，每个有责任感的图书馆都是以创造优秀的阅读共同价值观念作为图书馆文化的使命。良好的文化氛围，可以产生一种激励机制，鼓励每个成员的进步都能得到赞赏。因此，优秀的阅读文化可以激励广大师生成为阅读高手、养成良好的阅读行为，为自己的学习和科研奠定丰富的资料基础而不断进取。

（3）图书馆阅读文化中的制度文化对大学生具有规范约束作用

高校图书馆阅读文化对大学生有一定的规范和约束作用。如图书馆书库管理规定、馆员章程以及读者须知等制度文化，对全体大学生都具有一定的规范约束功能，要求参与到阅读文化中的每个大学生都要遵守。

5. 有利于社会文化水平的提高

阅读是人们学习、思考和创新的最根本途径。大学时代的教育是一个人学习的重要阶段，良好的阅读习惯必将对其以后的学习、工作和生活产生重要而深远的影响。大学生作为社会建设的中坚力量，他们的阅读水平直接关系到整个社会的阅读水平。被视为第二课堂的高校图书馆在其中发挥着不可替代的作用。高校图书馆阅读文化作为校园阅读文化建设不可或缺的一部分，也是校园文化的一个突出反映。高校校园文化作为社会文化的子系统，反映着社会文化的总趋向和特征。因此，高校优良的校园文化必将引领整个社会文化向着更高的层面推进。高校图书馆阅读文化往往处于校园文化的前列，同时，高校图书馆阅读文化又是校园文化的子文化，具有一定的前瞻性。

高校图书馆阅读文化作为社会文化不可或缺的一部分，必将为社会所认可，并以它创新超前的发展成为引领社会文化前进的动力。阅读是人类进步的阶梯，社会文化水平的提升依赖于社会阅读的普及和发展。因此，高校图书馆阅读文化建设将营造积极、健康、向上的主流阅读氛围，势必大力弘扬多读书、读好书，养成良好的阅读习惯，从学生时代做起，对社会文化具有导向功能，以高尚的精神塑造人，以正确的舆论引导人，形成以点带面、共创互动的良好局面，将阅读以文化形式影响人们，使其终身受益，从而提高整个社会的文化品位。

二、高校图书馆阅读文化建设

（一）高校图书馆在构建阅读文化中的优势

丰富的藏书、专业的馆员、高素质的读者、人性化的服务、特有的馆舍设备以及技术方法是构成图书馆的要素，它们相互结合、相互作用，构成了一个发展的有机体，在阅读文化构建中具有其独特的优势。

1. 馆藏资源优势

被誉为“知识宝库”的高校图书馆收藏了涵盖艺术、哲学、法律、经济、文学等学科领域的信息资源，学科种类齐全，是古今中外文化发展的集大成之所。同时，馆藏资源载体类型呈现出多样化，主要有纸质书刊、电子书刊、音像视频资料、网络信息资源等类型。这样，既能满足读者普及阅读、网络阅读的需要，又可满足专业阅读、兴趣阅读等不同需求。此外，高校图书馆馆藏信息资源有较明显的教育导向性，坚决杜绝危害学生身心健康的各类信息资源。置身于资源丰富、学科种类齐全的图书馆读书氛围中，可以强烈地激发读者的阅读兴趣，在无形中塑造阅读文化。

2. 技术设备优势

近年来，网络信息技术在高校图书馆广泛应用，一方面，使得图书馆增添了技术设备力量；另一方面，在一定程度上拓展了图书馆的阅读空间，数字化图书馆为读者阅读提供了新的途径，打破了传统意义上图书馆阅读时间、场所、地理位置等的限制。尤其是移动数字图书馆、WAP网站、手机图书馆等的出现，更使图书馆的查询、阅读、预约、荐购等服务无处不在，为广大读者提供了无限广阔的阅读平台。可以说，网络信息技术设备在图书馆的应用，为校园阅读文化的建设提供了技术手段和设备支持。

3. 专业服务优势

相对于普通图书馆而言，高校图书馆拥有更多的专业馆员和学科馆员。

尤其是近年来，高校图书馆引进了一批高素质高学历人才，他们接受的是全面的信息专业教育，熟悉信息资源的数字化管理模式，他们更加专业化、学科化，能更科学地完成馆藏资源建设，更好地完成网络环境下的信息参考咨询，利用专业化的服务优势去引导阅读方向、倡导良好的阅读观念、创造愉悦的阅读氛围、培养良好的阅读习惯。这样的馆员是高校图书馆在校园文化建设中所依赖的重要力量，在创建校园阅读文化中起着导航员的作用。

4. 特定场所优势

通常图书馆是高校的标志性建筑，有漂亮的外观、宽敞的空间、明亮的光线、精良的设备、安静的“悦读”氛围，内部更是布局合理、管理科学，图书借阅室、期刊阅览室、报刊阅览室、电子阅览室、多媒体视听室等一应俱全。在这里、读者可根据自身情况自主选择阅读，同时也能增强自觉学习的意识，养成阅读的习惯，激发广大读者浓厚的阅读兴趣。阅读文化具有群体性和关联性，不是个人的阅读观念和行为。高校图书馆阅读文化是全体读者在图书馆形成的阅读观念和阅读行为，读者之间相互影响、相互关联。图书馆为校园阅读提供了最好的空间场所。

（二）高校图书馆阅读文化建设途径

1. 改善图书馆环境

物质文化在一定程度上制约着图书馆阅读文化建设的质量、规模。幽雅怡人的阅读环境是培植阅读文化的最佳土壤。图书馆环境建设包括图书馆外部环境建设和内部环境建设。

（1）图书馆外部环境建设

图书馆外部环境建设应具有现代化、生态化、个性化等多方面的特征，以此来激发读者的阅读兴趣。首先，图书馆要重视实体建筑的艺术审美观。现代图书馆建筑的艺术审美观趋向净化，摒弃烦琐装饰，要求几何体形的抽象组合，外部特征呈现简洁、轻快、明亮的特点。其次，要做好图书馆的外部绿化，绿色植物的环绕不仅能够对图书馆起到一定的衬托作用，而且有助于降低噪声污染对图书馆阅读环境的影响。

（2）图书馆内部环境建设

图书馆内部环境建设是指图书馆能否提供良好、舒适的阅读环境，能够给读者的阅读心情与阅读效率带来积极的影响。如果读者处于一个整洁、幽雅的环境中进行阅读，不仅能够满足心理上的愉悦感受，还能够在一定程度上提高阅读效率。图书馆要重视阅览桌椅、书刊报架及其他设施建设，总体上要为读者提供有文化氛围的阅读环境，以良好的环境建设吸引师生走进图书馆，感受浓郁的阅读气息，营造出舒心阅读的文化氛围。

2. 开展阅读活动

高校图书馆在开发利用馆藏的同时，要大力开展阅读活动，帮助大学生对各种文化信息进行严肃认真的思考和研究，提高读者的分析鉴赏能力和识别能力，在潜移默化中提高学生的道德文化素质。要帮助读者多读书、读好书，要通过导读，引导读者在阅读中辩证思考，在争论中统一认识，在评论中接受教育，从而形成一种健康向上、朝气蓬勃的校园阅读文化。

图书馆应设立专门的引导阅读机构，负责阅读指导，书刊宣传、推荐以及二、三次文献的编制工作，负责学生文献获取能力的培养，解决学生初进图书馆的茫然。新生一入学，应及时对他们进行如何利用图书馆等信息意识的培养。

在掌握学生阅读心理的基础上，举办各种读书活动，引导大学生爱读书、读好书、会读书。要有意识地引导学生把阅读掌握到的知识用到实际学习和生活中，加深对所学知识的理解，锻炼他们解决问题的能力。若能以所掌握的知识说明或解决某个问题，甚至于取得某种成绩，就会感受到驾驭知识的乐趣，体验到成功的愉悦，鼓励学生以更大的热情去获取更多的知识，从而进一步强化学生的阅读兴趣。

3. 加强馆藏建设

图书馆是存储知识的宝库，是人类文明成果在时间和空间上的积淀。图书馆丰富的馆藏为校园文化提供了丰厚而源源不断的物质与精神滋养，是校园最主要的精神文化资源，能够较全面地支持和服务于校园文化。

图书馆文献信息资源的建设和校园文化的建设是息息相关的，是高校开展校园文化建设的有力保障。因此，图书馆应该充分认识到文献资源建设对校园文化建设的重要性，在馆藏建设中不仅要针对学校的专业设置和学科发展组织藏书，同时也要面向校园文化建设的需求建设馆藏，建立一个适合高校人才培养目标的科学、合理的藏书体系，以此来促进学生的全面发展，推动校园阅读文化活动的有效开展。

4. 优化日常管理

图书馆是学生获取信息、自主学习和学术沟通的重要场所。它对学校的教学、科研工作，对学生的专业学习成长起着极其重要的作用，更是校园阅读文化建设中不可或缺的部门。

第一，要有一批高素质的馆员队伍，具备良好的政治思想素质，甘于奉献，忠于职守；具备广博的知识素质和健康的心理素质；能够敏锐地捕捉信息、组织信息、管理信息和导航信息。这样，才能在校园阅读文化建设中履行好导航员的职责，为广大师生提供良好的服务。

第二，优质馆藏依赖于科学管理，图书馆对新到的书刊文献要及时进行验收、分类、编目、归架，以最快的速度与读者见面；书刊陈列要布局合理、排架科学、整理有序；严格执行借阅制度和阅读规定，力争加快书刊周转，以充分开发利用。

第三，还应优化服务方式，及时把握大学生读书的热点及对各类图书的要求情况，坚持思想性、知识性和趣味性相结合的原则，开展各种书刊的宣传报道工作；帮助读者做好文献的查找工作；根据教学、科研的需要，利用图书馆的丰富资源和先进的计算机网络，加大二、三次文献的编制工作，供教学、科研使用；编制新书通报，向读者推荐新书；开展馆际文献互借，促进资源共享；建立健全有关规章制度，使管理工作有章可循。

高校图书馆阅读文化建设是实现大学生综合素质提高的一个重要途径，是高校图书馆工作的重要组成部分。高校图书馆只要做好自身工作，挖掘自身潜力，就一定能在阅读文化建设中释放出巨大能量。

第二节　高校图书馆阅读推广内容

一、高校图书馆开展阅读推广活动的必要性

（一）“阅读推广”是高校图书馆工作的常态

工作在高校图书馆借阅岗位上的图书馆馆员，会切身体会到图书馆工作的繁杂。表面上看像一个“被遗忘”的角落，其实并不是这样。认真地进行

每天的借还图书工作，时时都有新的启发。图书馆馆员在日复一日的借阅工作中，每天都面对渴求知识的大学生读者，馆员随时随地都在做阅读推广的工作。比如，询问读者想读什么样的书，了解读者希望图书馆采进什么种类的书，征求读者对图书馆改进的建议和要求，与读者探讨对阅读推广的看法，与读者的时时互动等，都是获得阅读推广启发的途径。不能否认，图书馆馆员日常工作的经验都是阅读推广的宝贵经验，“馆员工作里有哲学”。①

说起图书馆馆员职业的工作内容，有人会认为馆员就是解答读者的有关咨询和负责借还书籍，没有一点技术含量，馆员的角色微不足道，谁都可以做，这是对图书馆馆员工作的一种错误认识。殊不知，每个在流通部门工作的馆员随时随地都在做着阅读推广工作，他们无时无刻不向读者推荐好书。自全民阅读活动倡导以来，高校图书馆连年举办“读书节”，积极推广新书、好书，促进大学生阅读。2015年开始，国家全面推进“全民阅读”工程，高校图书馆阅读推广工作开始面向全社会，阅读推广活动已经发展到了一个新的高度。

（二）高校图书馆阅读推广是“正能量”推广

图书馆所有的工作、图书馆专业所有的研究，最终都要落实到为读者的阅读服务，包括为读者提供良好的阅读环境，建设专业化的丰富馆藏资源，提供学习研究的平台以及发挥助读性作用等。阅读推广主要是为读者进行丰富多彩的导读活动，创造性地开展阅读推广工作已经是未来发展的必然趋势。图书馆馆员必须把自己全身心地融入阅读推广工作中，并充分发挥自己的聪明才智，走出一条图书馆阅读推广工作的新路子。

（三）图书馆馆员参与社会阅读推广义不容辞

在高校图书馆阅读推广工作中，图书馆馆员是阅读推广工作的主体。图书馆馆员在做好自己馆内的阅读推广工作的前提下，必须学习其他高校图书馆阅读推广的先进经验，交流阅读推广工作成效，互相沟通与联动。阅读推广工作是图书馆一项长期而又艰巨的任务，需要图书馆馆员展示各自的能力，发挥各种推广阅读的作用，同时开展馆外辅助性的阅读。高校图书馆的阅读推广工作不能局限在校内，应该走出校园、走向社会、走进民间，积极

①孙玲莉．全民阅读时代高校图书馆阅读推广研究[J]．科技资讯，2023，21（13）：219-222.

参与全社会的阅读推广活动。

为了充分发挥高校图书馆的社会服务功能，促进文献资源共享，各高校图书馆可以试行为社会提供一定限度的文献信息服务，在保证本校师生教学科研所需的前提下为本市、本校周边的居民办理阅览证和借书证，试行面向社会开放服务、积极参加阅读推广的志愿者活动。发挥图书馆馆员在阅读推广工作中的尖兵作用，是图书馆馆员义不容辞的责任。同时，图书馆馆员探索性地开展阅读推广工作，体现其积极、主动、创新的阅读推广工作态度。许多图书馆同行在阅读推广方面积累了丰富的经验，比如，中国图书馆学会阅读推广委员会和金陵图书馆主办的中国图书馆年会，展示了很多馆员的书评；在全民阅读推广研讨会上，馆员辩论异常激烈、深入，把图书馆外的阅读推广推向高潮。

二、高校图书馆推行阅读推广活动的意义

（一）有利于学生阅读习惯的养成

高校是培养学生、教授人才的主要阵营，学生在高校开展学习活动，主要依靠的不再是家长和教师的耳提面命，而是需要学生树立自主学习意识，充分发挥自己的主观能动性，对学习计划和学习通道要进行自主的建立。高校图书馆就是提供相应服务的主要机构，只有在图书馆内进行必要的阅读和学习，才能够有效提升自己的知识储备能力。但是，由于传统教育结构，学生在进入高校前有效的阅读时间非常少，对于阅读没有建立清晰的认识，也缺少最基本的阅读人文性以及结构性，许多学生对阅读架构没有基本的关注，进入大学后，也没有养成很好的阅读习惯，虽然高校设立了综合性的图书馆，但是多数学生也只是在学期考试时才会使用。学生没有良好的阅读计划，高校图书馆在基础阅读推广方面的监管力度也不足，导致整体学生阅读理念进入恶性循环。

（二）有利于提高学生综合素质

高校图书馆是学生学习的第二课堂，也是相当重要的一个课堂。开展阅读推广工作对提高学生综合素质具有重要意义。高校图书馆在为学生专业学习和科学研究提供文献资料和咨询服务的同时，也为学生准备了内容丰富的

阅读材料。

许多学生的阅读存在着随意性、盲目性、片段性以及功利性等特点，图书馆开展有效的阅读推广工作，促进学生的阅读生活更有针对性，也更符合个性发展。在传统教育机制的影响下，学生将注意力更多地集中在英语四、六级考试和计算机过级考试上，缺乏对人文类材料的阅读。网络阅读的轻便性和随意性也导致学生远离和排斥书本阅读，逐渐失去了阅读思考的乐趣。高校图书馆开展阅读推广活动，引导学生有兴趣地深入阅读，养成良好的阅读思考习惯，开阔视野，丰富知识储备，陶冶情操，提高学生综合素质。

（三）有利于传承传统文化

高校具有为社会培养和输送人才的作用和职能，学生肩负着传承优秀传统文化的使命。高校图书馆在为教学和科研工作提供信息支持的同时，也是传承优秀传统文化的重要基地。青年学生对未知世界充满好奇，却忽略了对传统文化的认知和感悟。图书馆可以通过多种形式的活动吸引、感染学生走近传统文化，认识传统文化，体会传统文化。让学生真正认识到文化传承与创新同等重要，都是时代赋予他们的使命。

三、高校图书馆阅读推广内容

（一）高校图书馆阅读推广的概念

高校图书馆是高等学校教育的重要组成部分，是培养国家人才的根据地，是学生开启知识财富的钥匙。高校图书馆阅读推广是全民阅读推广的重要组成部分，高校图书馆开展阅读推广活动，不仅可以充分发挥图书馆育德、育才的作用，还可以培养读者的信息素养，充分获取利用图书馆文献信息资源。

此外，高校图书馆作为高校师生学习知识的主要场所，应担负着阅读推广的主要责任，图书馆要以“培养人才、提高素质”为宗旨，广泛开展阅读推广活动，倡导“多读书、读好书、读书好”，促进读者文化素质的全面提高。

总的来说，高校图书馆阅读推广是指高校图书馆采取有效的措施引导读者重视阅读，有针对性地开展阅读推广活动，根据高校学生的类型和需求特点，培养坚持读书、用心读书的阅读习惯，提高阅读的质量、数量和阅读能力，对读者的成长和成才具有重要的意义。

（二）高校图书馆阅读推广活动的类型

高校图书馆阅读推广活动类型丰富，按照不同划分标准可分成不同类型。

1. 按照开展频率划分

按照阅读推广活动的开展频率，分为定期活动、不定期活动、临时活动。

（1）定期活动

定期活动是指高校图书馆以周或月为周期定期开展的活动。此类活动有固定的举办时间和活动名称，对学生阅读习惯有持续而深远的意义。比如，每月图书借阅排行榜，可以为学生阅读图书提供有价值的信息；每周数字资源培训课，让学生学习如何获取并利用资源。此外，还有每周好书推荐、每周影视欣赏等。

（2）不定期活动

不定期活动是指为丰富学生阅读生活而策划的一系列活动。此类活动新颖丰富，注重创新，活动主题与图书馆或阅读紧密贴合，对培养学生阅读兴趣有重要意义。如演讲比赛、征文比赛等。

（3）临时活动

临时活动是指未经策划临时举办，但对指导学生阅读也有重要作用的一系列活动。如转发的名人或名校的书目推荐，热门话题的书展与画展等。

2. 按照媒介形式划分

按照阅读推广活动的媒介形式可分为人媒式活动、物媒式活动、纸媒式活动、视媒式活动、数媒式活动、多媒式活动。

（1）人媒式活动

人媒式活动是以人作为阅读推广活动的传播媒介，如真人图书、读书沙龙等，人媒式推广交流更便捷。

（2）物媒式活动

物媒式活动是以某种事物作为阅读推广的传播媒介，使阅读更具体。

（3）纸媒式活动

纸媒式活动是以传统纸张作为阅读推广的传播媒介，在各个高校图书馆阅读推广活动中应用较多。

（4）视媒式活动

如现场购荐、书展，是一种看得见的阅读推广形式。

（5）数媒式活动

如数字资源培训，是数字化的阅读推广形式。

（6）多媒式活动

采用多媒体技术，开展阅读的推广活动。

（三）高校图书馆阅读推广活动的构成要素

高校图书馆阅读推广的主要活动要素大致包括几种：阅读推广活动的对象、阅读推广活动的内容、阅读推广活动的开展时间、阅读推广活动的传播渠道。

1. 高校图书馆阅读推广活动的对象

高校图书馆阅读推广活动的服务对象主要为高校的师生，了解阅读推广服务对象的需求，可以有针对性地开展阅读推广活动。首先，高校师生接受高等教育，有较强的自学能力，知识水平和认知度高，是信息获取的高端人群。其次，高校师生作为课题的学习研究人员，需要大量专业知识体系。因此，阅读推广应提供高校师生最新、最前沿的信息，帮助读者掌握能快速、全面、准确地获取信息的技能。

2. 高校图书馆阅读推广活动的内容

高校阅读推广活动的内容是阅读推广的核心部分，开展适合高校的阅读推广活动，才能真正达到阅读推广的目的。高校阅读推广活动内容主要分为以下几个部分。

（1）馆藏文献的推广

高校图书馆拥有大量的馆藏文献，是读者获取信息的优选场所，高校图书馆以专题书展、专业书展的方式推广馆藏文献，在采购图书时，和书商合作开展“你荐我购”等活动。

（2）数字文献的推广

如今高校师生利用数字资源的比重越来越大，海量的数字资源让读者在获取利用信息时费时又费力，高校图书馆合作数据库开发商开展数字资源培训和丰富有趣的检索大赛，提高信息检索的技能。

（3）检索工具的推广

无论是纸质资源还是数字资源，读者更希望图书馆可以指引阅读，使高校师生获取更新、更有价值的资源。因此，高校图书馆可开展书目推荐、借阅排行榜、好书排行榜等活动。

（4）阅读理念的推广

无论高校图书馆多么重视并积极开展阅读推广活动，都不如读者对阅读的高度重视。传播阅读推广的理念，提高阅读在读者心中的重要程度十分重要。

3. 高校图书馆阅读推广活动的开展时间

高校图书馆阅读推广活动的开展时间的选择是相当自由的，由于学生有寒暑假和期末考试，这两个阶段一个是学生最放松的时期，另一个是最紧张的时期，根据不同时间段开展不同的阅读推广活动，才能达到更好的阅读推广效果。在刚开学期间，是学生活跃积极性最高的时期，可以开展丰富多彩的比赛活动，调动大家阅读的积极性；在每学期考试复习期间，开展专业讲座或书展，如英语四六级、考研考博、公务员培训、各个专业推荐目录等；寒暑假期，高校图书馆可以开展线上网络活动、好书荐读等活动。此外，每年的4月23日是世界读书日，各个高校可根据这一节日开展相应的读书日或读书节活动；新生入学和临近毕业时可开展指导阅读活动。

4. 高校图书馆阅读推广活动的传播渠道

高校图书馆阅读推广活动的传播渠道可以扩大阅读推广的影响力，让更多的读者参与其中。高校师生接受新事物快，目前可以采用的传播渠道有两种：一是传统的传播渠道，也称线下传播，包括海报粘贴、校广播站通知等方式；二是新媒体的传播渠道，也称线上传播，包括微博、微信公众号、图书馆主页、高校主页等方式。许多高校图书馆阅读推广活动的前期宣传、开展过程、活动评选等都采用网络平台。在活动的前期宣传，通过微博、微信、抖音等新媒体平台发布图书馆阅读推广活动信息，以点赞、投票等丰富形式选出参与活动的获奖者，活动结果的展出供读者在线交流。网络能及时了解读者需求，拉近了图书馆与读者之间、读者与读者之间的距离。

四、高校图书馆阅读推广的对策

（一）成立阅读推广活动组织

高校图书馆首先应该建立相关的阅读推广工作部门，负责开展高校图书馆阅读推广的各项工作，包括读者需求调查、本馆现状分析、需要解决的问题等，提出开展高校图书馆阅读推广活动的有效的措施建议，阅读推广部门的建立是高校阅读推广的组织保障。

高校阅读推广活动工作部门专门负责阅读推广活动的开展，这样有效避免了馆内人员互相推脱责任，便于图书馆活动的策划和实施。组织人员有更多精力和时间来钻研活动方面的事宜，使高校阅读推广活动内容更加专业、步骤更加精细、管理人员主人翁意识更强。

高校图书馆工作部门可以根据每次阅读推广活动主题的不同，从图书馆各部门以及各个院系抽取人员，协助活动的展开。例如，关于“心理健康方面”的读书交流活动，工作部门只是负责商定活动宣传、开展的形式，举办活动资金来源等指导性问题，大方向落实下来，至于细节，如宣传展板的设计、会后交流活动、老师的点评与问题的解答，这些需要艺术设计专业和心理学专业老师与学生的配合，取长补短，使活动顺利进行。

（二）切合读者需求，利用新媒体技术创新阅读推广模式

高校图书馆的阅读推广要以科学合理的方式进行。高校本身是一个人才培养和科学研究的机构，所以在阅读推广中要责无旁贷地发挥积极作用。要科学合理地引领高校阅读发展，在校园内建立阅读推广体系，建立阅读周、阅读角等。此外，将如何实现科学推广列为学校教学和管理方面的课题。多角度、全方位地调动师生的积极性，探索适合学校特点和发展的阅读推广模式。

1. 高校图书馆要借助新媒体平台，全面实现阅读推广和服务

新媒体平台是网络信息化发展下的高校信息传播的重要途径。高校图书馆要重视新媒体平台与阅读推广活动的对接，尽可能利用新媒体技术为图书馆的阅读推广服务。21世纪初，国外图书馆界新兴的阅读新服务 Living Library，就是一项具体且易于移植的活动，“有助于形成容忍与理解，它是对社会凝聚力的贡献”。通过转变阅读形式，针对节假日、休闲时间，结合

图书馆茶室、咖啡屋等场所，因地制宜推行阅读，使阅读真正成为“悦读”。

2. 依托学生社团组织，建立高校阅读自助机构

在高校图书馆阅读推广中，要积极发挥学生的自我引导、自我教育和自我熏陶作用。组建大学生自主阅读的社团组织，辅导学生进行高效阅读，并通过自身活动，加强读者间的交流和相互学习，起到自我推广的作用。

在实际工作中，可以借助图书馆资源，申请学校支持，协同学工处、团委等部门积极鼓励和成立阅读社团组织，帮助大学生养成优秀的阅读习惯。因此，学生读书社团要全心全意、切实做好读者与管理部门的桥梁，成为校园阅读推广工作的有力推手。

3. 发挥学校名师的引领、示范作用

学术大师、专家教授是一所高校最重要的人力资源。每一所高校都会有一批知识渊博、授课风趣、在校园内深受爱戴的优秀教师。在高校的阅读推广中，要注重发挥名师的示范效应，宣传名师的读书心得体会，请名师列出必读书目。这些观点、言论、书目会对该校广大的学生读者群体产生深远影响，会对学生的读书习惯、读书的理解起到极大的促进作用，并会引领整个学校的阅读潮流。所以，工作中高校图书馆要积极地主动联系名师，通过邀请名师定期开展活动，如定期开展主题的讲座、邀请名师对专业学习推荐阅读书目等，全方位地帮助学生阅读，充分借助名师资源，全力推进高校图书馆的阅读推荐活动。

4. 设立阅读交流栏，建设交流场所

交流和互动是阅读推广的重要途径。高校图书馆要在网站主页或专门设立读者交流平台，开设读者心得、名师推荐、交流互动等栏目，给每一个学生读者自我抒发、自由交流的机会。同时，在校园内，如图书馆内部，设置一个面对面交流分享读书心得的场所。可以邀请书友、老师、图书馆阅读推广人员一起展开面对面交流，通过这种形式吸引更多的学生参与到读书中来，促进高校读书交流的自由开放。

（三）强化高校图书馆开展阅读推广活动的理念

全民阅读已经上升为国家战略，高校图书馆应该使阅读推广成为图书馆主流工作，将高校图书馆阅读推广活动纳入图书馆的重要议事日程，开展图

书馆阅读推广必须投入一定的人力、财力，高校图书馆应该投入专项预算经费，支持开展高校图书馆阅读推广。

阅读推广是高校图书馆发展的趋势。高校图书馆阅读推广活动的出现和普及是图书馆发展到一定阶段的产物。高校图书馆的发展经历了三个阶段：图书的借阅与阅览阶段、数字信息资源检索阶段和高校阅读推广阶段。这三个阶段不是替代关系，而是层层递进的关系。只有在传统图书借阅与阅览的第一阶段，才会产生大量的馆藏资源；电子资源日益丰富后，数字参考咨询和信息检索方式应运而生，面对众多的数字资源，高校图书馆馆员有义务帮助读者进行资源检索、汇总、推送；拥有了大量纸质和电子资源之后，如何让读者了解高校图书馆现有的资源和服务已成为高校图书馆的重点任务，而高校阅读推广也已成为不可阻挡的潮流。

高校阅读推广已经成为高校图书馆日常工作的一部分。在这个知识爆炸的时代，随着各种网络工具的普及，高校图书馆不应该像以前一样，抱有酒香不怕巷子深的理念，等读者主动来借阅图书，而是应该与时俱进，利用图书馆的图书资源、人力资源积极开展阅读推广活动，将好书、经典呈现在读者面前，重新树立高校图书馆的形象，帮助读者养成良好的读书习惯。

高校阅读推广是高校图书馆的根本任务。现在，手机、电脑，各种阅读媒介供人们选择，阅读快餐化、通俗化的现象越来越严重，对纸质阅览依赖程度下降，在图书馆中的借阅排行榜上，考级考证的书总是借阅量最高的，而静下心来仔细阅读的习惯成为过去式。急功近利会导致学生的阅读积极性下降。高校图书馆通过有效的措施引导学生重视阅读，根据高校读者的类型和需求特点，有针对性地开展阅读推广活动，培养学生坚持读书、用心读书的阅读习惯，对学生的成长有重要意义。

高校图书馆是高等学校教育的重要组成部分，高校图书馆开展阅读推广活动，可以充分发挥图书馆读书育人、教育育人的服务功能，可以充分利用图书馆文献信息资源，促进学生阅读能力的提高，完善知识结构，实现学生全面发展。

从目前来看，高校图书馆开展阅读推广活动的对象主要是本校师生，对社会提供的阅读服务较少，但是作为全民阅读推广活动的一部分，在社会范围内进行阅读推广活动，可以营造更好的阅读氛围，从而促进活动效果的提升。因此，高校图书馆应该更多地开展社会化阅读服务，实现阅读推广活动的全民参与。图书馆在进行阅读推广活动的策划时，要综合考虑广大师生及社会公众的阅读需求进行设置。还要正确把握好高校阅读推广和全民阅读推广两者间的关系，在不影响正常教学和科研工作的前提下开展相关推广活动。同时，在阅读推广活动效果稳步提升的情况下，不断进行阅读服务空间的拓展，提高阅读服务的针对性。

第三节　高校图书馆阅读推广服务

一、阅读推广服务的变革

（一）阅读推广服务转型的必要性

1. 社会阅读危机的产生

当前，我国阅读人群分布不均，人均读书量与阅读时间明显降低，信息时代下多元化的信息内容反而引起了“阅读危机”这一发展现状。为应对阅读危机，提高国民文化素质，发挥图书馆传播先进文化的职能，图书馆开始转变阅读推广服务理念，按照现代人的生活方式，加大对电子文献、数字图书馆和线上数据资源库的建设，借助移动终端力量提高图书馆的服务范围。同时，针对不同用户群体对文献的多元化需求，图书馆应加强与其他图书馆、公共文化服务单位之间的文献交流，构建多元信息共享平台，从阅读危机出现的根本原因入手，转变理念、革新技术、创新内容，实现图书馆的良性发展。

2. 公众阅读意识的提高

自“全民阅读”的概念提出以来，图书馆、博物馆、文化馆等承载公共文化服务的公益性单位通过开展多样化的阅读推广服务不断提高社会公众的阅读量，强化公众的阅读意识。例如，强化图书馆的馆藏建设、环境建设，采取图书馆、家庭、学校等网络辐射状态的三维阅读方式，根据不同年龄段用户对阅读的不同需求和反馈进行图书馆馆藏文献的分类、更新、升级，通过多方协同的推广模式加强对社会公众阅读习惯的培养。同时，图书馆也要注重“互联网+”时代下用户的碎片化信息阅读量，通过开通官方微信、微博公众号等方式，及时推送各种图书馆阅读服务，让用户积极主动地参与到图书馆的各项阅读活动中，加快图书馆阅读推广服务的转型升级。

3. 阅读推广服务的发展趋势

从传统纸媒时代到多媒体时代，信息文献的获取方式发生了天翻地覆的变化，社会公众的阅读方式也从纸质阅读、文字阅读、深入阅读逐渐发展为网络阅读、图像阅读、浅显阅读。为迎合社会公众的阅读方式，图书馆在进行阅读推广服务的过程中开始注重网络推广、多媒体合作推广等，致力于运用新兴网络技术加强构建图书馆线上阅读推广服务平台，通过提高用户网上阅读率的方式化解单纯以纸质文献为主的阅读危机，并定期邀请各个领域的专家学者进行网络视频讲座与在线互动直播。图书馆应将传统纸质文献与网络技术相结合，大力发展“线上+线下”的智慧型阅读推广服务，不断满足多媒体信息时代人们的多元化需求。①

（二）图书馆学与阅读推广服务

图书馆行业一直关注阅读，关注阅读的内容也很多。其关注的阅读问题大致可以分为阅读行为和阅读服务两类。

阅读行为包括个体阅读行为（一般称为阅读）和社会阅读行为（一般称为国民阅读或全民阅读）。个体阅读行为研究关注个人阅读动机、符号解码过程、阅读能力形成机理等问题。阅读行为涉及人的脑机理，对其研究主要属于教育学、心理学领域。社会阅读行为研究关注国民阅读习性、不同人群的阅读差异等，这些行为涉及社会知识的生产与分配，是一个跨学科研究领域。尽管阅读行为研究不属于图书馆学，但图书馆的文献服务与读者的阅读行为密不可分，阅读行为的研究成果可以帮助图书馆馆员提供更好的服务，因而阅读行为研究在图书馆学中有重要的地位。

阅读推广属于阅读的管理和服务，它是政府、社会团体或个人为促进阅读或改善阅读行为而采取的一种干预阅读的措施。社会管理者和学界认为，良好的国民阅读行为有助于建设更加稳定、有竞争力的社会，因而希望通过倡导全民阅读，健全阅读保障设施，从而达到改变国民阅读习惯和提升国民阅读能力的目标。阅读推广可以是政府的倡导或政策引导、经费投入，也可

①申莉．高校图书馆阅读推广与服务效能[J]．文化产业，2024（17）：88-90.

以是社会团体或个人开展阅读类活动或提供有助于促进阅读的服务。

图书馆开展的阅读推广是社会团体开展阅读推广中的一种，又称图书馆阅读推广。图书馆学研究图书馆阅读推广，是将阅读推广当作图书馆的一种服务进行研究。图书馆学也是所有涉及阅读的研究领域中，唯一将阅读推广作为服务来进行研究的学科。从图书馆服务发展历程看，近代图书馆出现后，文献借阅服务成为图书馆服务的主要形式。这类服务包括以文献馆藏为支撑的外借服务，以文献馆藏和场所为主要支撑的阅览服务，以馆员和文献为支撑的参考咨询服务。

二、泛阅读与图书馆阅读推广

（一）泛阅读时代的阅读

泛阅读时代，读者的阅读环境、阅读内容、阅读方式较之以前都发生了巨大改变。

1. 阅读环境

在阅读环境方面，传统图书馆阅读环境的构建主要体现在图书馆阅读区域分类、阅读环境装修等方面，以舒适的学习环境和分类明确的阅读区域吸引读者，而泛阅读时代智能手机、平板电脑等便携式移动终端和数字图书馆、微信图书馆、微博图书馆等App应用平台有效地降低了图书馆阅读环境对用户阅读率的影响，通过构建无边界化、易携带化、自主化阅读环境来强化用户的阅读黏性。

2. 阅读内容

在阅读内容方面，传统图书馆的馆藏文献建设主要基于馆员自主购买，馆藏内容虽然具有较强的专业性、科学性和全面性，但由于不同用户在爱好、专业、阅历、兴趣等方面的不同，他们对阅读内容的需求也趋于多样化。而在泛阅读时代，互联网通过搜索引擎可以实现不同国度、行业、学科知识的无缝实时对接。

3. 阅读方式

在阅读方式上，受传统纸质文献和电子文献的制约，用户的阅读方式主要是到馆阅读和网上阅读。而在泛阅读时代，随着阅读载体的不断推广和阅读渠道的多元，用户的阅读方式趋于网络化和多形态。

（二）泛阅读时代图书馆阅读推广服务的创新意义

1. 扩大阅读推广范围

泛阅读时代，图书馆致力于阅读群体的不断拓展，推行用户群体的泛在化和阅读内容的泛在化。

一是图书馆通过建设馆藏内容的方式，强化线上内容与线下内容的构建，注重阅读推广服务内容的人性化、专业化和智慧化，在满足用户对普通文本文献资料需求的基础上，深入挖掘用户所在的学习环境。按照用户的阅读习惯、搜索文字、点击内容等将用户浏览过的文献资料按照关键词进行深层次智能加工创造，以智慧型、全面化、深入型服务内容吸引更多用户参加阅读活动。

二是图书馆要在拓展服务群体的基础上，主动让用户参与图书馆各项活动的建设，强化用户的主人翁意识，以老用户帮带新用户的方式扩大图书馆阅读推广服务群体。比如，美国加利福尼亚州图书馆采取新用户注册老用户验证码的方式，以阅读积分的形式鼓励老用户积极发展新用户注册使用数字图书馆，较好地实现了用户参与图书馆建设功能，拓展了图书馆阅读推广服务的覆盖范围。

2. 丰富阅读推广形式

图书馆通过各种形式的阅读推广服务，传播不同的文化内容，吸引更多的群体积极开展阅读活动，可以实现图书馆馆藏文献的合理利用。互联网时代，各种不同的信息载体的应用极大地丰富了用户开展阅读活动的方式，除了近几年发展迅猛的微信图书馆、微博图书馆等移动微阅读服务形式，泛阅读时代各行业的广泛参与为图书馆阅读推广提供了新型合作模式。图书馆以企业为单位进行专门的企业服务内容推送，并针对企业用户账号开通绿色通道，企业用户在登录线上图书馆时会进入自动跳转页面，节省了企业用户获取文献的时间。这种“图书馆+企业”的阅读推广模式，丰富了图书馆阅读推广的形式，图书馆开始以主动的服务理念强化与不同行业的相互融合，以开阔性思维扩展了图书馆阅读推广形式的多元化。

3. 满足用户多元化需求

由于形式的单一固定和内容的浅显泛化，传统图书馆的阅读推广服务对用户的吸引力较低，既不能加强对用户群体的覆盖，也不能通过服务内容增强用户的阅读黏性。为体现泛阅读时代的核心理念，真正以用户需求为发展目标，满足用户的多元需求，图书馆可以通过移动终端平台将线上图书馆与线下图书馆紧密结合，通过在线上设置还书提醒、预约借阅等方式使读者享受便利的线下图书馆服务。河北大学图书馆还开通了“校园图书速递”服务，图书馆用户只需将馆藏书目发送至微信图书馆后台，就可以享受图书快递上门的服务，极大地改善了线下图书馆式微的发展局面，同时也满足了不同用户的个性化需求，实现了图书馆阅读推广服务的良性发展。

三、新媒体与阅读推广

（一）高校读者新媒体阅读的特征

新媒体时代改变了高校读者获取信息的渠道和阅读方式，传统的信息获取和交流方式已经不能满足读者的需要，便捷和个性化成为他们的第一需求。

1. 阅读方式备受挑战

高校图书馆是学校的文献资料中心，蕴藏着浩瀚的典籍，以其深厚的文化积聚力满足莘莘学子的求知欲和教师的科研活动，然而，新媒体时代高校读者所需要的信息随处可见、随处可得，在大学生的宿舍、在课堂休息时间，甚至在行走的路上，随处可见学生用手机上网获取所需信息，正是由于新媒体传播方式改变，引发了阅读的革命。另外，随着高校图书馆加大数字图书馆资源建设，高校读者不再像以往那样勤跑图书馆查阅文献资料，借还图书次数逐渐减少，但网络阅读明显增多，就连撰写科研论文，也多利用图书馆的知网、万方等系列数据库查阅参考文献，改变了传统单一依赖图书馆获取文献资料的局面。

2. 阅读观念的改变

在数字大潮风起云涌的今天，信息传递由书面转向屏幕、由在线转向链接，网络阅读逐步成了高校读者阅读的主流，阅读的观念也发生了重大的转变。数字阅读主体主要集中在青年人群中，青年人是数字阅读的绝对主体。

在传统的阅读时代，读者以纸质图书阅读为主，阅读呈现一种逐步深入的方式，经过阅读、思考、再阅读、再思考的过程，而每一次的再阅读与再思考，则使思想觉悟升华，最终达到一种深度阅读的效果，20世纪70年代末至80年代初是全民阅读纸质图书的辉煌年代。在今天，基于新媒体的阅读特点，阅读则是一种随意的、碎片式的“泛在阅读”，学生虽然可以从网络获取知识，但是在网上冲浪一番，下线脑子一片空白，这种浅阅读方式，抛弃了传统的反复品味与思考，从而影响了他们的认知方式、思维方式甚至价值取向，使大部分学生不能专心致志，缺乏深入阅读思考的体验。

（二）高校图书馆的新媒体阅读推广服务

高校图书馆开展阅读推广服务，不仅可以提高文献资源利用率，还可以使图书馆文献资源在高校教书育人和科研活动中发挥其应有的作用，更重要的是培养大学生健康的阅读习惯，在新媒体时代，引导大学生养成良好的网络阅读风气。

1. 新媒体与传统媒体相结合

在新媒体时代，新媒体层出不穷，功能各异，对学生进行阅读推广时，需要根据学生对媒体的使用习惯，并将新媒体和传统媒体相结合，形成优势互补。建立虚拟阅读社群，网络空间里的以阅读分享为目标的虚拟团体是传统读书会在网络上的再生和拓展。开通博客、微博、微信、微书评、阅读QQ群等社交媒体平台，不能把单个媒体从整个传播环境中抽离出来看待它的优劣，需让新旧媒体进行更多的融合和功能叠加，形成移动互联网微传播与传统阅读媒体相结合的叠加效应。

2. 针对阅读内容开展多层次导读

大众传媒要将阅读信息传播给尽可能多的学生，必须使阅读内容尽可能适合学生的需求，阅读内容尽可能地明白易懂，让学生可以轻松、愉快地接受。

对于学生认为阅读内容难以选择、阅读内容枯燥等问题，需要针对不同类型的学生阅读水平和特点，开展多层次、多样性的导读活动，让学生从对阅读内容的陌生、害怕到对阅读内容的熟悉、喜爱。充分利用名人讲座、公开课、微课、微信、微博等形式，进行专题导读。例如，针对学生非常关注社会时事的特点，图书馆可以面向学生推出热点阅读专题，邀请相关人士来校就社会热点问题进行讲演，交流讨论。

3. 建立多主体的阅读群体

阅读推广应注重群体的参与度，鼓励联动式推广，即两个或两个以上阅读推广主体联合开展阅读推广活动，共同促进，共同受益。近年来，南京理工大学图书馆主办的“天天悦读　青春飞扬”读书沙龙；中国科学技术大学图书馆举办的英材书苑主题读书沙龙；山东师范大学图书馆以学生社团为主体推出的创意悦读等，都为建立多主题阅读群体进行积极探索。哈尔滨工业大学（威海）图书馆在读者流量较大的借阅室设立专题推荐书架，有面向“国学达人”挑战赛推出的“国学经典”专架；有学生放暑假前推出的“中国好书”专架；有面向新生推出的“青春飞扬，梦想启航”专架等。这些多主题推荐书架，既可以激发学生的潜在需求，又可以盘活图书资源，延长图书的使用周期。

4. 推广全民立体阅读模式

在大众传播中，接收者的社会环境直接影响着接收者的接受行为。学生的阅读受所在学校的直接影响和社会大环境的间接影响。所以针对学生的阅读推广活动不能是单一的，需要的是全方位立体阅读模式。

高校阅读推广者要联合校园名师、文坛大家、学院专家、社会成功人士等开展阅读推广；高校间要发挥区域图书馆联盟的作用，办好阅读推广活动。高校阅读推广活动，还应重视出版界的力量。目前，各大出版社和图书公司都通过图书馆与学生接触，可以将这视为一种新的阅读推广活动加以利用。要在阅读推广主体与阅读推广对象之间建立可以交流、互动的立体阅读推广方式。

第六章 高校图书馆阅读推广活动策略

第一节 高校图书馆阅读推广的一般方法

一、组建阅读推广团队

阅读推广团队就是根据阅读推广工作规律，在阅读推广活动中承担规划的制定与执行的团队。它是阅读推广管理控制系统的一部分。阅读推广团队可采用直线制组织形式。直线制组织形式的特点是阅读推广团队内部实行从上到下的垂直领导，各级负责人按照管理的目标，把阅读推广涉及的人、事、物组织起来，建立管理制度，合理调配各类资源，负责整个阅读推广的组织与协调。关于阅读推广团队，主要涉及以下几个方面的工作。

第一，设置阅读推广团队。阅读推广团队是由管理层和基层人员组成的一个共同体，通过合理利用每一个成员的知识和技能，协同工作，解决问题，达到共同的目标。团队的构成要素是明确的团队目标、团队组成人员、团队定位、团队权限和团队计划。

第二，确定团队结构的作用和责任，建立一个统一有效的管理系统。团队负责人需确定阅读推广项目的定位，规划项目发展方式，管理阅读推广活动项目预算及人力计划，并监督阅读推广活动过程，对下属进行指导及培训，提高阅读推广工作人员素质。

第三，确定团队成员、任务及各项活动之间的关系，对资源进行合理配置，有效地实现共同目标和任务。

第四，设置专用阅读推广活动空间，用于读书沙龙、小型讲座、经典阅读等活动。

第五，阅读推广成效评价。例如，四川大学图书馆阅读推广项目“光影阅动·微拍电子书”就是在阅读推广团队建设方面有借鉴价值的案例。微拍团队由馆长牵头，研究馆员作为顾问指导，以“馆员+志愿者”的模式组建。阅读推广项目小组的组织架构分为两个部分：一是读者服务，二是技术中心。其中，读者服务人员包括馆员、教师、学生志愿者若干名。技术中心的工作是调研分析学生读者群体的阅读现状、阅读需求、心理特点等方面的情况，根据阅读推广实际情况，有针对性地组织协调活动，制订适合其阅读兴趣的推广方案，然后开展视频拍摄、宣传海报、技术财务、活动实施、活动评估等方面的工作。“光影阅动·微拍电子书”案例一方面树立了阅读推广团队组织管理控制的理念，另一方面证明了阅读推广团队管理控制系统对阅读推广活动的价值定位、策划组织、环节衔接、媒介运用、读者心理、后期效果评价等细节工作有所帮助。[①]

二、确定阅读推广的主题

阅读推广主题是指阅读推广活动的主要内容。在集体参与的阅读推广活动中，以一个主题为线索，将内容具体化、数字化，并且列出多条办法，这样可以非常轻松地分析出每一条的可行性和可操作性，然后选择最佳解决方式，以便围绕主题进行互动交流。

相对传统的阅读推广活动来说，主题阅读推广活动更具系统性和实用性。主题阅读推广活动是以一个话题为主线进行拓展的活动。通过挖掘与主题相关的阅读读物、文艺题材，主题阅读推广活动也更灵活、更有新意，几个小主题就可以构成最后的大主题。

阅读推广活动可以根据季节、节日及学生们的兴趣，灵活地确定阅读推广主题。主题阅读推广活动可以定一个大主题，分几次几个月完成，如精读活动就需要参与者多次深入学习与交流所思所感，这样参与者的思考能力会得到提高，进而提升个人阅读素养。再如，同济大学图书馆连续几年组织的主题阅读推广活动“立体阅读”，活动内容包括展现中国传统戏剧和水墨画等传统艺术魅力的“粉墨中国”，反映我国各民族舞蹈精华的“缤纷华夏”，展现大型敦煌复原壁画精品的“再现敦煌”，感知中国城市文化精髓——海

①高彩凤．全媒体环境下高校图书馆阅读推广路径和方法[J]．河南医学高等专科学校学报，2023，35（5）：573-575.

派文化的“经典上海”，多层次展现中国古代建筑、古遗迹、古书画、古乐等古代文化魅力的“中华记忆”。每个主题的“立体阅读”活动都采用了“观展览、听讲演、看电影、读名著、享互动”五位一体的模式。

主题阅读推广活动也可以定一个主题，一个月或半个月完成，如“21天阅读打卡计划”。这样灵活的阅读推广形式，是传统的阅读推广活动所不具备的。主题阅读推广活动对保障传统纸本阅读的影响力及读者的系统性阅读，满足读者信息查找、精读和交流信息方面都有促进作用。例如，上海外国语大学图书馆“纪念巴金先生逝世10周年”系列活动，就是借助多方资源，多举措推进的主题阅读推广活动，取得了良好的效果。

高校图书馆阅读推广围绕主题开展讲座、展览、交流、互动等活动，容易激发读者的阅读兴趣和提高学习效率，帮助学生在浓厚的文化氛围和轻松愉快的学习气氛中增长知识、提高阅读素养。

三、通过合作的模式推广阅读活动

很多高校图书馆开展阅读推广活动时主要以校团委、院系和学生社团为阅读推广活动的主要力量，较少有与区域内其他高校图书馆或公共图书馆联合开展阅读推广活动的情况，各高校图书馆间也很少有稳定的、横向的协调机制，因而无法进一步扩大阅读推广活动的规模和促进联动效应，限制了阅读推广活动的传播力和影响力。

高校图书馆可基于地区因素，与本地其他高校图书馆和公共图书馆加强交流、互相学习，开展馆际合作。一方面，建立区域性图书馆联盟资源共建共享体系，为读者提供更多可共享的阅读资源。另一方面，联盟可以联合举办资源利用与经典阅读讲座、竞赛等活动，共同开展阅读素养指导，推动读者信息素养教育，从而产生阅读推广的规模效应。

例如，上海外国语大学图书馆联合巴金故居共同举办推广活动，推出以“家”“春”“秋”为主线的巴金图片主题展，不仅获得了巴金故居的大量珍贵文献、图片资料的支持，而且在活动经费上也得到了大力支持。巴金故居为这次的阅读推广活动提供校外场所，即活动期间上海外国语大学读者可以免费参观巴金故居，而上海外国语大学图书馆则为巴金故居提供多语种志愿者服务，不论是笔译还是口译，都将巴金先生的精神推广至全世界。上海外国语大学图书馆通过与巴金故居的合作，发挥本馆乃至本校资源特色，有效扩大了上海外国语大学在社会上的影响力。

高校图书馆、校内其他部门及校外的相关单位和部门之间的相互合作与配合，不仅扩大了阅读推广活动的影响力，而且读者参与度和受众人数都有不同程度的提升。

第二节　高校图书馆数字阅读推广方法

一、大数据与数字图书馆

（一）大数据与数字图书馆概述

1. 数字图书馆

一般情况下，数字图书馆是基于实体图书馆建构的一种虚拟图书馆。数字图书馆是随着信息时代的发展而来的，属于信息时代的产物。数字图书馆是一种能够为用户提供方便、快捷、高水平的信息化服务机制的拥有多种媒体内容的数字化信息资源，它既是一种科学技术，又是一项社会事业。数字图书馆工作，主要有以下两种：一是将传统纸质图书数字化，即将传统的纸质图书转化为电子版的数字图书；二是对数字图书的管理，即涵盖对数字图书的存储、交换与流通使用。

2. 大数据与数字图书馆

学术界普遍认为图书馆自建或外购的数字资源（即数据、信息和知识）就是图书馆的大数据。这些数据已经达到了PB级别，符合大数据在存储量上的要求。但也有反对者认为，这些数据、信息与知识在大数据被调用分析前即已存在，且一般有着详细的归类，无需进一步提取与分析，不能成为大数据。反对者认为图书馆的机器可读目录数据、读者的借阅记录、用户信息行为数据才是图书馆的大数据，虽然这些数据达不到大数据要求的存储量（PB级以上），但是这些数据的存在与应用是符合大数据思维的，即人们可以通过大数据技术手段去探寻隐藏在图书馆的海量数据中各类数据之间规律性的关联关系。

（二）大数据环境下数字图书馆的基本职能

1. 数字图书馆的基本职能和内涵

无论是数字图书馆还是传统类型的图书馆，基本职能都存在一个共同点：强调对各类资料的收藏是图书馆的基本职能。但是数字图书馆与传统图书馆基本职能的侧重点各不相同，前者指的是对数字资料的收藏，后者指的是针对纸质材料的收藏。

2. 基本职能的实现有利于文化的传承

在大数据环境下，数字化资料呈井喷式增长态势。数字化资料与纸质资料相较而言，具备三个突出优势：其一，可复制性强。要复制纸质材料的内容必须用笔逐字逐句抄写，工作量较大，耗时较长，而复制电子材料则往往效率更高，工作量较小。其二，不易毁损。纸质材料容易由于各类微生物的影响而发生霉烂变质现象，电子资料则不存在该方面风险。其三，突破了时空的桎梏。①

对于纸质版图书，如果要在图书馆之外的地方学习，就必须将该书带离图书馆，如果该书只有一本或者若干本，那么学习该书的读者数量无法超过书本自身数量，如果有读者办理借阅手续将书带离图书馆，那么可供读者学习数量还将明显降低。电子图书或理论文章则无此方面限制。

3. 基本职能的实现有利于提升教育与科研质量

虽然在目前的初等与中等教育中，课内老师讲授，课外学生做题还是主要教学形式，但是在高等教育中，图书馆自学已经成为学生平时学习专业知识的重要形式、开展毕业论文学术研究的必备前提以及高层次人才开展科学研究的必要基础。图书馆的作用因而在高等教育中不可小觑，已经成为各大高校的最重要教学硬件设施之一。在大数据环境下，数字图书馆已经成为图书馆的重要组成部分。数字图书馆电子资料的收藏职能行使越充分，高校学子在学习专业知识时就有更多、更前沿的专业资料可供学习，进行毕业论文学术研究时也可以更加深入、全面地掌握相关领域的理论知识与研究动态。

①龙丽．数字阅读驱动下的高校图书馆推广模式分析[J]. 河南图书馆学刊，2021，41(3)：82-84.

二、高校图书馆的数字阅读推广方法

高校图书馆的巨大文献资源、最新的技术应用和良好的文化氛围，是高校图书馆满足用户信息需求，获得用户认可的基础。在校师生正更多地选择网络来寻找所需要的信息，所以高校图书馆数字阅读推广活动尤为重要。

（一）加强数字资源建设，增强读者吸引力

高校图书馆要结合自身特点及其读者的阅读倾向，建立合理的数字资源配置体系，保证数字资源馆藏能够充分满足读者的阅读需求。参阅学校各个院系图书室的专业书籍采编，并参考每位任课教师的课程参考书目，加之读者推荐购书环节的设置，逐步增大数字馆藏量，增加读者的参与兴趣。

在大量的馆藏信息资源和免费资源的依托下，高校图书馆可针对用户信息需求进行分析，对某一学科专题有利用价值的信息进行数字化整理分类，形成特色数据库资源。具体可将珍本、善本等纸质文献或特色多媒体资料等馆藏特色文献进行数字化，然后对数字资源和网络免费资源链接整合，相关资源进行归类整合方便读者进行延伸性阅读。

（二）加强阅读客体分析，增强读者黏度

数字阅读推广作为一种图书馆服务，也有其特定的目标人群。在研究图书馆数字阅读推广时，需要对数字阅读推广的目标人群进行研究。高校图书馆阅读客体大体可分为以下两种。

1. 普通客体

大二、大三的学生和高校教师已经初步了解了高校图书馆的基本设施和使用流程，他们可以根据自己的需求快速检索到文献和完成图书的借阅，针对这类目标人群，高校图书馆数字阅读推广活动应趋向于专业性电子教案数据库完善，通过数据库讲座和有奖知识问答的形式，加强读者的参与度，增强读者黏度。根据重点学科、重点课题，对国内外该研究领域的新观点、新思潮、新动向进行跟踪，提供定性、定量的专题报告和论点汇编，以辅助科研。加强与各高校、各组织机构之间的合作，在互利互惠的基础上，通过馆际互借、文献传递、联合参考咨询、联合建库、集团采购等方式实现资源的共建共享，在缓解资金短缺问题的同时更好地满足读者需求。充分利用公共网络信息资源，加强网络信息资源的整合与开发，建立学科信息门户，为读

者提供统一的检索入口和服务平台，有效提高网络信息资源的整体利用效率。

通过强有力的宣传，使高校读者认识阅读的重要性，了解数字图书馆的魅力，从而使读者主动参与到数字资源的阅读当中，体验阅读带来的乐趣，营造出良好的校园数字阅读氛围。

2. 特殊客体

大一新生初入校门，对图书馆规章制度、服务项目、设备设施和检索技能不够熟悉，缺乏图书的分类检索知识，在图书馆找书甚至都有些困难。针对这一现象，文献检索课程与相关选修课的设置就成为重中之重，新生入学培训，图书馆基本信息介绍也是快速的推广途径。图书馆网站相关功能介绍，文献图书信息资源检索方式都是图书馆首要的推广内容。这时的图书馆网站就不能局限于日常信息的推广，更应该注重新生入馆前的培训宣传。

大四毕业生也是高校中特殊的人群，他们积极准备踏入职场，对基本技能类知识的需求增加，加之毕业论文和答辩让其对相关的专业知识和资源的需求量加大，专业技能类资源的推广则成为首选。针对这一特殊性，高校图书馆应充分利用数字资源，有效地组织相关信息，将海量的信息进行整理、遴选、重组，形成一种专业性更强、更有深度的信息库，便于读者浏览和使用。

（三）增强体验式阅读推广，让读者参与其中

在互联网环境下，每个人都是知识的需求者，同时也是知识的输出者。想要阅读的人，既可以找到需要的阅读资源，也可以发布阅读资源，传播知识，实现个人价值的最大体现与提升。所以高校图书馆数字阅读推广活动应常态化开展，并加强数字资源的体验式阅读推广，让更多的读者参与数字阅读推广中。

手机App、微博、微信、社交网络和内容社区（如豆瓣、优酷）等社会化媒介、数字推广媒介将体验式数字阅读推广简单化，读者可以实时交流阅读体验，也可以在线提出相关阅读问题，让读者直接参与数字阅读推广过程中，并及时反馈交流经验，让数字资源“活”起来。

图书馆网站数据库建设也应注重增强读者体验式阅读，分类浏览、读者建购、热门借阅、热门评分真正地让读者成为数字阅读推广者，也可以分享发布自己整理收集的优秀的数字资源，在网站上管理自己的个性数字图书馆，并可以推荐分享给其他读者，真正地做到资源共享。

三、大数据环境下高校图书馆多元化阅读推广

近年来，阅读推广服务已成为高校图书馆与国际接轨的重要举措。随着阅读推广服务的进一步深化，阅读推广的服务机制越来越完善，形式越来越多样，阅读推广的宣传方式越来越深入人心，阅读推广的内容越来越丰富。对于馆员而言，阅读推广的途径多元化，阅读推广的范围、内容日趋繁杂分散；对于读者来说，阅读选择的渠道更加多样，从图书、电子阅读器、网页阅读，发展到手机移动阅读等多种媒体阅读并存的多元时代，促使阅读推广服务形式愈加多元化。

（一）高校图书馆多元化阅读推广模式

1. 高校图书馆多元化阅读引导模式

（1）资源共享平台的阅读引导模式

采用远程网络通信技术，将区域内甚至全国范围内各馆文献资源进行整合，通过统一的资源共享平台，提高阅读时效，可最大化地引导读者阅读。联合协作的共享模式，不仅可以满足读者阅读文献的需求，而且对读者的阅读方式、阅读范围和阅读倾向也起到良好的引导作用。

（2）移动图书馆阅读引导模式

移动图书馆可实现移动检索和碎片化阅读。检索是获取阅读信息的基础，碎片化阅读是手持移动终端阅读的主要形态。读者借助手机、平板电脑等便携式阅读终端，对以电子版方式在互联网上出版、发行的文本信息、音频、视频、数据等多种信息形式的内容，进行有线下载或无线接收，最终实现阅读。如超星移动图书馆，就是运用移动阅读的可移动性，通过无线网络进行随时随地在线阅读，或下载保存在移动阅读终端随身携带，以便随时阅读。

（3）学科服务阅读推广模式

学科服务是图书馆面向院系部开展的一种全方位、多层次的联动服务，运用学科服务模式引导阅读是图书馆将学科服务和阅读推广相结合的探索。

高校图书馆可以借助QQ、微信、微博、博客等平台，面向院系部师生开展一系列的阅读互动，邀请院系部老师和学生代表参与图书馆选购图书，定期推荐优秀图书，利用学校的学术讲坛、各类培训嵌入各类资源检索与利用的技巧，组织学生团体举办各类型的读书活动等。

（4）系列阅读推广活动引导模式

高校图书馆可以开展一系列的书目推荐活动，精选一些关于医学、历史、人文等方面的优秀读物，以PPT、书籍介绍、读书心得等形式，利用图像、视频、网络等多媒体技术手段推荐给师生，引导阅读。

2. 高校图书馆多元化阅读推广模式的构建

（1）推进专业阅读推广，强化阅读推广效果

第一，设立专业阅读推广工作岗位。在图书馆成立专业的阅读推广服务部门，配备专职工作岗位来开展系统和专业的阅读推广工作，宣传、策划、开展极具专业性和吸引力的阅读推广活动。同时，设立学科联系人或学科管理员，主动走进系部开展专业阅读推广，将图书馆相关服务信息及时传递给各系部，同时也能够及时了解各系部阅读需求和意见建议，这有助于图书馆开展有针对性的专业阅读推广。

第二，开展系列专业阅读推广活动。在组织开展面向广大师生的普适性阅读推广服务的同时，突出高校图书馆在强化高校师生学术创新与研究的支持作用、深化人文素养作用，创新阅读推广方式，开展系列专业阅读推广活动，培养广大师生的专业阅读素养和阅读兴趣，提高专业阅读技能。如通过书展、图片展读书交流会、讲座、辩论赛、知识竞赛、摄影展等形式多样的阅读推广方式，结合各系部学生的专业阅读需求，开展专业阅读推广，培养广大师生专业阅读能力和阅读素养，进而提升高校教学与科研水平。

（2）加强数字化阅读模式的推广

新媒体的出现已经明显改变了当代大学生乃至全民的阅读习惯和阅读行为，高校图书馆应该紧跟时代潮流，将阅读推广的模式与新媒体紧密结合，让传统阅读推广模式与数字化阅读推广模式齐头并进、相互融合，这对阅读推广将会有很大的帮助。

（3）提高高校图书馆阅读推广的范围和深度

高校图书馆要完善图书馆校内部门间的联合和校外区域联盟，从两方面

来提升图书馆阅读推广的范围和深度。一方面，高校图书馆要通过与校内多部门，如校宣传部、团委、教务处、各院系、学生会等联合，创新举办系列阅读推广活动，让广大师生参与进来，为广大师生营造一个良好的阅读环境。另一方面，高校图书馆要建立高校之间、高校与区域内公共图书馆、高校与区域内行政部门和相关社会团体之间的区域联盟，实现资源共享，合作进行阅读推广，从而提升阅读推广的范围和深度，扩大阅读推广活动的影响力。

（二）高校图书馆多元化阅读推广创新

1. 开展特色创客活动

创客空间近几年在图书馆界方兴未艾，图书馆是进行创意项目的创新工场，它推动图书馆创新变革、增强图书馆读者服务能力、展示图书馆发展活力。

大数据环境下嵌入创客群体的信息服务，是在新范式概念中衍生出来的一种新型服务模式，各图书馆可以设立专门的创客空间，购置专门的3D打印机、手持机床、小型五金机床等。创客空间不仅购买了设备、有了活动的场地，而且还引入了“创造”的概念，向读者传递出图书馆对新技能的接纳。

创客空间和创客文化，能够激发读者对新知识、新技能学习的更多热情，为图书馆注入更多的活力，是增强图书馆阅读多元化服务能力的更好体现。

2. 完善多元化阅读平台建设

（1）高校内部建立自助阅读组织、阅读交流专栏等推进阅读推广

高校在校学生建立自主自助的读书组织，图书馆在文献资源上给予保障，这样有利于学生提高阅读效率，交流读书心得，提升阅读兴趣。图书馆可以利用校园内宣传栏开设阅读交流专栏。专栏内部讨论读书心得、新书推荐等，大家畅所欲言，开放自由地交流。

（2）建立网络图书馆，促进高校师生和社会大众的阅读

首先利用图书馆网站进行图书推荐，并提供阅读服务。其次建立微信、微博、抖音等新媒体电子平台，开展阅读推荐活动，如发布最新书目、文化讲座、征文等信息。

（3）建立阅读论坛、阅读贴吧，进行阅读推广

高校图书馆利用网络及新媒体终端建立论坛、贴吧，设置各种专题板块，让大家广泛交流、分享，提升读者阅读兴趣。

（三）高校图书馆多元化阅读推广实践

阅读推广是图书馆转变服务方式的一种尝试和实践，下面以武汉大学图书馆为例，就其多元化阅读推广实践进行相关介绍。

1. 优化组织架构，按需规划阅读

（1）设立专门的阅读推广工作岗位

武汉大学图书馆成立专业的推广服务组，配备专职和兼职人员，开展阅读推广工作。专职推广工作由活动策划人员、宣传品设计人员、网页宣传和全媒体宣传人员组成，工作组经常进行工作讨论。策划人员策划和设计阅读推广内容；宣传品设计人员负责日常宣传品设计与制作，包括海报、展览、文创产品、环境标示等的设计，确保宣传品风格一致，具有原创性；网页宣传和全媒体宣传人员负责网页的宣传开发及宣传视频等开发，使阅读推广的内容更具有吸引力。专兼职工作人员各司其职又互相配合，致力于宣传图书馆资源与服务，倡导阅读，营造书香氛围，打造校园阅读推广中心。

（2）根据服务对象规划和设计阅读推广活动

图书馆面对的服务群体不同，采用的阅读推广方法有所不同。本科生、硕博士研究生面对的需求也会有所不同。图书馆在开展活动的过程中，首先将读者群体划分为本科生、硕博士研究生，这两个群体中还划分出新生和老生，通过这样的方式，分析读者的共性需求和不同需求，然后针对不同的群体规划和设计不同的阅读推广活动。

2. 拉近与读者距离

为了契合现代大学生的心理，武汉大学图书馆精心设计了卡通形象——小布，一推出即成为读者的好朋友，不少读者是“外事问百度，内事问小布”。根据需要，图书馆对小布的形象进行了不断的扩展，陆续推出开学季、毕业季和新生季的小布形象和活动。

开学了，小布会以萌萌的形象向同学们打招呼：“开学啦！同学们都回来没，小布喊你来图书馆啦！”毕业季，除给广大毕业生赠送戴着博士帽的小布毕业书签外，还设计小布图书捐赠卡送给所有捐赠图书的毕业生。新生

报到季，图书馆在迎新卡上推出“小布”的卡通形象及联络方式；推出生动活泼的菜鸟秘籍，由小布带领大家认识图书馆；同时还推出小布微博语录，用“欢迎你，珞珈山的新主人”介绍校园卡在图书馆的使用方法，图书馆能为新生提供的各项服务等。平时，还推出以小布为主角的温馨提示牌，如“风雨无惧有爱同行爱心伞借书处”“爱护书籍，请勿乱涂乱画”“请把安静还给图书馆”等，号召读者文明使用图书馆。

3. 丰富的主题活动

图书馆除定期举行读书节和文化活动月、推出高端文化讲座“文华讲坛”和读书刊物《文华书潮》外，还开展丰富的主题活动。这些活动或注重阅读引导，或注重学术、思想、文化的交流和分享，或注重阅读感悟和提升，或注重阅读资源的循环传递。

（1）小型读书沙龙

由图书馆组织，与三个学生社团合作举办关于阅读与影音欣赏的活动，活动加大了对经典作品的导读和赏鉴，提升了活动导读教育功能。活动主持人除学生社团成员、征文获奖作者、读书爱好者外，图书馆还积极挖掘主持人，与校外机构或团体合作，扩大活动影响力。例如，真趣书社与湖北人民出版社合作，举办“重回民国上学堂”大型读书会，并邀请武汉高校数十家文学社团参加；音乐空间邀请浙江大学的古典音乐爱好者联盟合作讲授古典音乐鉴赏等。活动主持人把自己的心得和思考传递给大家，与其他读者一起讨论，参与者在这片阅读天地中获取一份知识、一个答案。读者走进读者沙龙，感受心的融合与思想碰撞，感受图书馆知识与文化的魅力，获得了读者不同层面的肯定，成为图书馆越来越受读者欢迎的活动。

（2）珞珈图书互换活动

图书馆每年春、秋两季均与社团合作举办“珞珈图书互换会”，几千册图书均来自毕业生的爱心捐赠，活动设计图书交换、教辅教材赠送、抽奖等环节，并推出人人网预约换书等方式，吸引广大师生前来参加。活动现场火爆，每次换书量达1000多本，赠书量约3000本，注重阅读资源的循环传递。

第三节　高校图书馆阅读推广活动品牌化

一、图书馆品牌建设

（一）图书馆品牌概述

图书馆品牌是图书馆通过别具特色的资源、管理、服务等得到社会和用户认可，并以某种名称、术语、标记、符号、图案，或是它们的相互组合展现出来的图书馆形象。图书馆的特色馆藏资源或活动、与众不同的服务优势，或者是独特的馆舍环境等，都可以形成图书馆的品牌。

除具有品牌的一般特征外，图书馆品牌相应地还有其独特的内涵，即公益性、开放性、特色性和复合性。公益性是图书馆的本质属性，决定了图书馆品牌也在根本上具有公益性的特点，应以社会效益而非经济效益为主要标准；图书馆是对全社会开放的，图书馆品牌建设也应秉持开放的理念；图书馆要在日益激烈的信息服务领域赢得更多用户的支持和信赖，品牌独特性就必不可少；图书馆品牌的复合性则体现在其是多角度、多层次、多方位的组合，是表象和文化内涵的统一体。

（二）图书馆品牌建设内容

品牌建设是图书馆的重要发展战略，许多图书馆纷纷通过品牌向用户传达其发展愿景和理念。

1. 品牌创建与培育

国内外很多图书馆行业组织和图书馆都有比较强烈的品牌意识，并将品牌建设纳入日常工作中。国内图书馆的服务品牌创建与培育主要集中在阅读推广领域。特别是自图书馆“全民阅读”活动全面开展以来，阅读推广逐渐演变成图书馆必不可少的核心业务和核心活动，各种形式的读书活动遍地开花。

2. 品牌注册

品牌注册是品牌建设与营销必不可少的环节。国外图书馆产权意识、商标意识比较强烈，不少图书馆将自己的服务项目品牌化并及时进行注册，有效地保护了自己的知识产权。近年来，我国图书馆的品牌注册工作也取得了一定的进步，部分图书馆不仅注册了本馆的馆标，还为图书馆的产品、活动提出了商标注册申请，一些基层图书馆如佛山市南海区图书馆也提出了相关商标注册申请。上海图书馆是较早进行商标注册的图书馆，并且一直在开展这方面的工作。相较而言，高校图书馆等其他类型的图书馆在商标注册方面显得不够重视。

3. 品牌营销推广

在品牌的营销推广方面，由于国内图书馆品牌建设时间不长，很多图书馆从业人员对品牌营销了解有限，因而品牌定位不明确，同质化现象严重，不同地区、不同类型的图书馆所推出的品牌大致相同。

二、高校图书馆阅读推广品牌

（一）高校图书馆阅读推广活动品牌的构建

1. 品牌构建原则

品牌构建原则主要包括以下两点。

（1）个性化原则

品牌活动应该凸显图书馆自身的文化特色，塑造生动、形象的品牌个性，深得读者喜爱，具有亲和力、活力及沟通力。

（2）系统性原则

构建高校图书馆阅读推广活动品牌是一个系统性的工程，不仅需要较强的品牌意识，而且还要有效利用资源、具有长远的目标，并制订详细的活动方案，不断评估、总结活动效果，完善品牌活动的培育、管理。

2. 活动品牌定位

在阅读推广活动中，品牌定位指的是塑造或者建立与目标有关的品牌形象的一个过程和结果，它可以在一定程度上反映读者参与阅读推广活动后产生的情感上的诉求。品牌定位是否准确将对活动的持续发展产生直接的影响。①

①尹思达. 基于文化创意的高校图书馆阅读推广品牌化创新研究[J]. 国际公关，2024(2)：128-130.

3. 品牌基本要素

要创建阅读推广活动品牌，高校图书馆应该对一些基本要素进行培育、完善。具体包含以下三点。

（1）活动的名称、标识

为活动起一个有吸引力的名字是创造活动品牌的关键环节。活动的名称应该容易读、容易记、听起来使人舒服。而活动的标识不仅要好看，还要特别，能凸显自己的个性、特点。

（2）活动的形式、内容

高校图书馆阅读推广活动的主要受众是大学生，而大学生具有思维活跃、富有个性、容易接受新事物等特点。所以，阅读推广活动的内容应该符合大学生的生活、心理需求，其形式应该紧跟现代化技术的步伐，积极创新，把趣味、实用、知识等结合起来，慢慢形成自己的特色。

（3）活动的受众面、知名度

在一定的范围内，品牌活动的受众面、知名度必须要广，才能形成品牌。所以，品牌活动的开展必须是持续、稳定的，这样才能赢得固定的受众，得到他们的认可，才能吸引更多读者的参与，受众面也会随之扩大，逐渐形成品牌知名度。

4. 活动品牌塑造

图书馆阅读推广活动品牌的形成是逐步实现的，主要依据自身特点、读者活动的目标定位、市场品牌运作规律，并按照一定的流程进行，具体包括策划、包装、宣传、实施、跟踪报道、优化推广等方面。策划是以长远的眼光制订将阅读活动打造成品牌的方案和计划；包装指的是将活动固定的冠名、标识图案、周期、时间等进行形体包装；宣传是保障活动顺利开展、树立品牌形象的关键环节；实施指的是按照策划方案有序开展活动的过程；跟踪报道指的是对活动开展过程的跟踪、活动结束后的宣传；优化推广是指收集读者反馈信息，调整活动的不合理环节，并向读者推荐与活动有关的图书馆资源。

（二）国外阅读推广的品牌化运作

国外阅读推广活动的品牌化运作，就是围绕品牌的相关构成要素，对阅读推广品牌进行设计、定位、传播和维系的过程。

1. 阅读推广品牌的设计

品牌设计主要涉及品牌名称的确立、品牌标识的设计等方面，其中名称是品牌外在构成要素中的核心，标识是其主体。国外的阅读推广机构从阅读活动开始之初，就将阅读推广的品牌形象设计纳入整体发展规划之中。在品牌名称上，众多活动选用简单易记、富有亲和力和感召力的品名，以诠释阅读推广活动的主旨。这些品牌名称和品牌标识的精心设计，给读者带来了感觉上的冲击，使得品牌形象深入人心，读者能够快速、准确地对品牌形象形成深刻的记忆。

2. 阅读推广品牌的定位

品牌定位是建立一个与目标市场有关的品牌形象的过程与结果。比如，“读遍美国”活动定位于提高青少年的阅读能力，为此组织者鼓励全美各类机构开展形式多样的阅读活动，邀请不同行业和地区的人士为青少年讲故事、分享自己对阅读的理解并介绍自己曾经最喜爱的书籍。通过这些具有准确鲜明目标定位的阅读推广活动，有效地将品牌的功能、利益与目标用户群体的心理需要连接起来，在用户心中树立起了清晰的品牌形象，为其品牌竞争优势的确立奠定了良好的基础。

3. 阅读推广品牌的传播

品牌传播是以广告、公关、销售、人际等传播方式，将特定品牌推广出去的过程，也是用户对品牌形象与定位形成认知的过程。在多元化媒体时代，国外阅读推广在品牌的传播与推广上，结合报纸、海报、书签、宣传册、广告牌等印刷型媒介以及网站、移动通信、社交网络等电子媒介进行全方位、立体化的宣传推广，同时注重活动中的交流与互动。

在品牌的传播过程中，注重公共关系的利用则是国外阅读推广活动的另一个重要特色。品牌的公共关系传播是品牌组织通过报纸、广播、电视等大众传播媒介，辅之以人际传播手段，传递有关品牌组织各方面信息的过程。国外阅读推广活动在开展时，一方面注重与媒体保持密切联系与合作，善于利用媒体的力量进行宣传、以扩大活动的影响力；另一方面则非常注重与其他机构及社会各界相关人士维持友好关系，争取他们的支持与参与。

4. 阅读推广品牌的维系

品牌维系是指针对内部和外部环境的变化，对品牌进行维护管理、保持品牌市场地位和生命力的一系列活动的统称。在市场竞争日益激烈的今天，任何品牌都存在着老化的可能，阅读推广品牌亦是如此。为避免阅读推广品牌出现守成有余、创新不足的僵化现象，国外的阅读推广活动在品牌维系措施上，紧随社会阅读趋势与读者阅读需求的变化，不断推陈出新、变换阅读活动的主题。

随着时间的推移，用户的价值取向和审美观点也在发生变化。在国外的阅读推广活动中，适时更新活动品牌形象代言人，是其适应用户心理变化、预防品牌老化的另一举措。

三、高校图书馆阅读推广品牌建设

（一）创意

一个优秀的品牌通常依赖于一定程度的创意。比如，真人图书馆这个品牌之所以能够在世界各国图书馆界流行起来，很大程度上在于其创意。但要说明的是，今天各图书馆虽然都在开展这一活动，但毕竟其创意不属自己。一些好的创意固然可以借鉴改造，但各高校图书馆要想真正拥有自己的品牌，必须结合自身的情形寻求创意。如华中农业大学图书馆的“环境日百人读书接力”就是一项相当有创意的活动。该活动结合6月5日世界环境日以百人接力读环保经典的形式来开展，通过1本经典、2个空间、3位嘉宾、4组团队、8家媒体、100人接力阅读产生了非常好的影响。

（二）定位

有了创意，如何定位非常关键。对于阅读推广品牌来说，定位就是品牌创建者希望品牌在预期读者大脑中扎根的程度。一个优秀的品牌就是让品牌接受者一旦接触就不再忘记。如“定位之父”里斯所言，“定位就是在顾客头脑中寻找一块空地，扎扎实实地占据下来，作为‘根据地’，不被别人抢占”。武汉大学图书馆的“文华讲坛”与《文华思潮》目的性很强，希望通过一个讲坛的开办和一份刊物的发行使武汉大学的阅读氛围得以有效提升，塑造一种新型的校园文化。其内含的理念和期望为：阅读改变文化，阅读改变自我。

（三）投入

好的创意在定位之后要舍得投入才能使之成为品牌。投入包括时间与精力的投入，以及经费的投入。这就意味着需要投入一定的人力、物力和财力。即要准备一笔费用，让专门的人做专门的事。一些由政府或组织倡导的活动可以有充分的经费支撑，但很多高校图书馆往往因为人力、财力的不足而导致一些创意活动不能开展，或不能持续。一些有条件的高校图书馆可以聘请名家举办公益讲座，这类讲座对吸引学生对图书馆的关注和培养学生综合素质极有帮助。也可印行一些出版物，尤其是阅读指导类出版物。讲座和出版物要办得有影响离不开经费方面的投入，更与是否有得力的人来开展密切相关。

（四）持续

一个好的创意只能说成功了一半，要使之成为品牌还需要持续努力。武汉大学图书馆的卡通形象“小布”可算是一个具有一定特色的创意品牌。这是一个虚拟的形象代言人，包括纸质文献和电子资源。小布是一个虚拟咨询员，存在于微博、QQ和邮箱等中。武汉大学的读者外事问百度，内事问小布。小布有多款造型，以适应不同场合。其形象一经推出就深受学生喜爱。

在此基础上，武汉大学图书馆又进一步开发了“拯救小布”游戏，以通关的方式让新生了解图书馆资源、空间及服务。通关的学生可自动开通ID在图书馆的借阅权限。图书馆还围绕小布开发了另一款游戏——“消失的经典”。这款游戏围绕经典做文章，其通关题即面向学生征集，学生通过通关游戏可以熟悉经典。这是围绕一个主题而开拓深化的持续。

（五）宣传

创意要成为品牌，品牌要著名，适当的宣传是必要的。要开展宣传，就必须有宣传点。言之无文，故行之不远，而如言之无物，即使有文，也同样必行之不远。一个活动要让别人记住，必须有值得别人记住的内容。有了这些值得记住的内容，有了宣传点，也就值得宣传，宣传也就会有成效。宣传包括自我宣传和利用媒体宣传，可以在事前进行策划，在事中与事后适时跟进。如武汉大学图书馆的“十大借阅之星”活动。2013年年初做活动的时候，是将学生在校4年的借阅量汇总发布，只在校报上做了报道，影响不大。2014年再做活动时改4年借阅量为年借阅量，由于排第一名的同学年借阅量超过700本，且由于这年的读书节举办活动请来名家做讲座，请来校长发表讲话，一时记者云集，而年借阅图书746本太过吸引眼球，遂成媒体报道的焦点。

第四节　高校图书馆阅读推广评价体系构建

一、高校图书馆阅读推广活动评价的意义

高校阅读推广活动仍普遍存在两个问题：第一，活动效果参差不齐。一些活动的收效较花费的人力、物力来说，不尽如人意。有的活动影响面较小，有的活动强拉学生参与，甚至引起学生的反感。第二，活动缺乏系统性和常规性。活动的形式虽然多种多样，但图书馆在举办活动时比较随意，系统性不够，常规性不够。因此，有必要对现有的高校阅读推广活动进行梳理，探讨这些阅读推广活动的特点和关系，对图书馆整体的阅读推广活动进行总体评价，从而让高校图书馆能够响应大学生的阅读需求，结合自身的特点，既能打造阅读推广活动的品牌，又能系统地提升阅读推广活动的效果。

中国图书馆学会网站发布的大学生阅读暨高校图书馆阅读推广相关调查报告，由中国图书馆学会阅读推广委员会大学生阅读委员会、阅读与心理健康委员会联合完成。该报告认为，高校图书馆阅读推广活动，采取的组织方式主要有14种：读书征文比赛、图书推介、名家讲座、图书捐赠、读书有奖知识竞赛、图书漂流、精品图书展览、经典视频展播、读书箴言征集、名著影视欣赏、馆徽设计征集、名著名篇朗诵、品茗书香思辨赛、评选优秀读者。经典视频展播和名著影视欣赏可以看作一种活动；馆徽设计征集基本上是一次性的行为，不能算作常规活动，故排除在外。所以该报告指出的活动应该是12种，加上对一些高校图书馆的阅读推广活动的总结，可以让要评价的阅读推广活动又加上5种：污损图书展览、书法作品选（展览）、书签设计、校园阅读（风景）摄影比赛（展览）、读书节启动仪式和闭幕仪式，共17种。应该说高校阅读推广活动不限于这17种形式，名称也不尽相同，本书的评价方法对其他阅读推广活动形式同样适用。

二、高校图书馆阅读推广活动评价的指标

对阅读推广活动的评价，王波认为“转换研究视角，从读者的角度，用实证方法来评估和重新设计阅读推广活动的研究几乎没有”。他指出，应该从两方面来设计阅读推广活动的指标体系，一是基于图书馆的阅读推广活动评价指标；二是基于读者的阅读推广活动评价指标。杨婵觉得对阅读推广活动的评价，还没有深入对活动客体、读者的心理和读者的收获进行研究，没有对活动自身的运动规律进行研究。评价阅读推广活动的效果，最终仍要归结于读者，即读者的阅读收益和满意度。但这两个指标不易量化，仍需要扩展。阅读推广活动的主要参与者为图书馆和读者，因此阅读推广活动的效果，与读者认可度、图书馆重视程度、馆藏以及其他因素，如图书馆内外合作程度、整体服务水平、阅读环境的净化与美化等有着重要关系，对四种主要因素的细分和调整见表6-1。

表6-1　影响阅读推广活动的主要因素

读者认可度	图书馆重视程度	馆藏	其他
读者参与广度：读者参与数量、读者读书兴趣是否增加、读者到馆时间是否增加	单一活动的重视程度：投入的时间、投入的人力、投入的财力、投入的物力	文献流通率	合作程度：图书馆与本单位其他部门合作的数量、图书馆与外单位合作的数量
读者参与深度：是否需要（或培养了）多项知识或能力、读书的数量是否增长、读书的时间是否增加、是否增加了新的知识	总体重视程度：举办活动的数量	文献数量	服务水平：图书馆的整体服务能力、图书馆的整体服务态度
读者满意度		文献质量	

为了降低问卷调查的复杂程度，提高问卷调查的可执行性，在问卷设计时，对于单一的阅读推广活动，按照大学生和阅读推广活动负责人进行分类，对阅读活动评价指标进行简化。在大学生方面，评价指标分为三个方面：读者参与广度（读者参与数量、读者读书兴趣是否增加、读者在馆时间是否增加）；读者参与深度（是否需要或培养了多项知识或能力、读书的数量是否增长、读书的时间是否增加、是否增加了新的知识）；图书馆方面，

评价指标为图书馆针对单一活动的重视程度，即投入的时间、投入的人力、投入的财力、投入的物力、图书馆与本单位其他部门合作的数量、图书馆与外单位合作的数量，共六个指标。①

三、高校图书馆阅读推广活动评价体系的内容与构建方法

为了进一步做好阅读推广活动，应当在更大范围内广泛搜集有关阅读推广活动的评价文献，搜集一项组织活动、一类管理活动、一个社会活动的系统性评价指标的相关文献并进行汇总，借鉴信息系统的评价方法、管理活动的评价方法、社会活动的评价方法，结合复杂系统、多层次系统的综合评价方法，提出完整的阅读推广活动的评价指标体系，并根据不同类型的读者（或人群），进行问卷调查、实地访谈、观察活动场所，调查针对相应的阅读推广活动，进行实证研究，从而再次修改阅读推广活动的指标体系，使之更加具有可行性和科学性。

基于上述研究和实证，这里提出阅读推广活动的改善策略和途径，以及基于个人需求和面向社会的一套阅读推广活动的整合方案。

从单个阅读推广活动的评价指标构建开始，进行实证研究，再层层推进，评价某单位某时间段的阅读推广整体活动效果，再上升到某区域的阅读推广活动的总体评价指标体系的构建和实证研究。阅读推广活动评价的总体框架，就是要建立一个科学的、连续的、动态的、多层次的、系统的、综合的阅读推广活动评价指标体系和实证反馈体系。

目前的阅读推广活动的评价相关研究，还没有一个系统的定性和定量的描述，也没有一个对于某组织的跨越时间段的整体阅读推广系列活动的评价，更没有一个覆盖某区域的阅读推广活动的综合评价。同时，读者反映的阅读推广活动对其心智影响的前后对比，也是阅读推广活动评价中不可或缺的部分。

基于此，这里提出一个阅读推广活动评价的总体框架：针对某个阅读推广活动的评价指标体系并实证研究；提出某个单位在一个阶段举办的阅读推广活动的总体评价指标体系并实证研究；提出某个区域的某阶段举办的阅读

①胡舒曼．高校图书馆阅读推广服务体系构建[J]．办公室业务，2021（17）：165-166.

推广活动的整体评价指标体系并进行实证研究。在实践中，可以立足于某单位，对该单位的阅读推广活动进行单个活动以及整体的评价，再扩展到某城市或某行业的总体阅读推广活动，进行总体评价。

对于阅读推广活动的评价并非要脱离阅读推广活动本身，或凌驾于阅读推广活动之上，而是要深入研究目前阅读推广活动存在的多种多样的表象背后的形成机理，更加细致地研究构成阅读推广活动的要素，提出更多符合读者需求的阅读推广活动方式，进一步进行评价，从而把阅读推广活动推向更深、更广的层次。

广西民族大学图书馆“相思湖畔”专业阅读推广系列讲座活动，为保证活动的可行性和可操作性，以读者为关注焦点，增进读者满意度，按照ISO9001质量管理体系开展专业阅读推广工作，对活动策划、执行、读者参与、活动管理、过程方法等内容都做了完整的记录。活动档案资料目录包括向教师发布的倡议书、邀请信、活动方案、活动执行联络表、教师书评、海报设计、通信报道、活动图片，以及最重要的读者反馈意见表和活动评估单。这些工作有助于强化活动的品质管理，提高阅读推广效益。

高校图书馆阅读推广在取得初步研究成果的基础上，还需要进一步探索实践，总结经验，形成理论，建立适合高校图书馆阅读推广活动的长效机制。

参考文献

[1] 陈丽霞. 高校图书馆阅读推广与校园文化建设融合路径探索[J]. 文化创新比较研究，2022，6（29）：128-132.

[2] 邓明慧. 对部分高校图书馆管理文化的思考与启迪[J]. 内蒙古科技与经济，2018（6）：153+155.

[3] 高彩凤. 全媒体环境下高校图书馆阅读推广路径和方法[J]. 河南医学高等专科学校学报，2023，35（5）：573-575.

[4] 胡春丹. 基于校园文化建设的高校图书馆阅读推广服务初探[J]. 课程教育研究，2019（19）：99-100.

[5] 胡赛. 高校图书馆管理与创新实践[M]. 沈阳：万卷出版公司，2022.

[6] 胡舒曼. 高校图书馆阅读推广服务体系构建[J]. 办公室业务，2021（17）：165-166.

[7] 黄瑾一. 高校图书馆阅读文化建设研究[J]. 内蒙古科技与经济，2023（2）：143-145.

[8] 黄娜. 高校图书馆与学科建设[M]. 长春：吉林人民出版社，2019.

[9] 李会新. 高校图书馆阅读推广与校园文化建设[J]. 轻工科技，2021，37（8）：171-172.

[10] 李玲. 论新时期高校图书馆精神文化建设[J]. 办公室业务，2017（19）：165+167.

[11] 刘凯. 高校图书馆服务新职能研究[M]. 长春：吉林人民出版社，2019.

[12] 龙丽. 数字阅读驱动下的高校图书馆推广模式分析[J]. 河南图书馆学刊，2021，41（03）：82-84.

[13] 申莉. 高校图书馆阅读推广与服务效能[J]. 文化产业，2024（17）：88-90.

[14] 孙玲莉. 全民阅读时代高校图书馆阅读推广研究[J]. 科技资讯，2023，21（13）：219-222.

[15] 唐玲. 图书馆文化与职能建设[M]. 天津：天津大学出版社，2018.
[16] 王承就. 高校图书馆文化馆员制度初探[J]. 教育与教学研究，2018，32（3）：20-26+125.
[17] 尹思达. 基于文化创意的高校图书馆阅读推广品牌化创新研究[J]. 国际公关，2024（2）：128-130.
[18] 袁雁涛. 高校图书馆公共文化服务供给研究[D]. 上海：华东师范大学，2023.
[19] 张梦梦. 山东省高校图书馆文化建设调查与分析[D]. 济宁：曲阜师范大学，2023.
[20] 张双双. 高校图书馆文化建设促进校园文化发展路径研究[J]. 文教资料，2023（16）：169-172.
[21] 周芳. 高校图书馆和谐文化建设研究[D]. 衡阳：南华大学，2016.
[22] 朱蕊. 图书馆文化建设与信息技术研究[M]. 长春：吉林科学技术出版社，2023.